Herb Goldberg

Hombres, hombres
Trampas y mitos de la masculinidad

Colección Fin de Siglo / 29

Herb Goldberg

Hombres, hombres
Trampas y mitos de la masculinidad

EDICIONES TEMAS DE HOY

Colección: FIN DE SIGLO

Paseo de la Castellana, 93, 28046 Madrid
Título original: *The hazards of being male (Surviving the myth of masculine privilege)*
Diseño de cubierta: Bravo Lofish
Fotografía de cubierta: The Image Bank
Traducción: Marta Heras
Primera edición española: abril de 1992
ISBN: 0-45116389-3 (Edición americana)
ISBN: 84-7880-166-9 (Edición española)
Depósito legal: M. 7.326/1992
Compuesto en Fernández Ciudad, S. L.
Impreso en Grefol, S. A.
Printed in Spain / Impreso en España

INDICE

A mi padre, Jacob
(1906-1975)

AGRADECIMIENTOS

Hay muchas personas cuya ayuda, a la hora de preparar este libro, hizo posible que disfrutara del privilegio de concentrar mis energías en los aspectos más satisfactorios y creativos de su redacción.

En primer lugar, me gustaría dar las gracias con todo mi respeto y cariño a mi buen amigo, colega y mentor, el doctor George R. Bach. Ha sido mi modelo por su disposición a correr riesgos, su franqueza, su positiva seguridad en sí mismo y por su planteamiento vital lleno de alegría, lúdico y orientado al desarrollo personal. En particular, ha contribuido a la redacción de este libro con importantes ejemplos ilustrativos y me ha ayudado a aclarar algunas cuestiones teóricas vitales cuando me encontraba en un punto muerto.

También quiero dar las gracias a los muchos y maravillosos estudiantes del segundo ciclo de la Universidad Estatal de California, en Los Angeles, que tanto me ayudaron a la hora de buscar documentación y encontrar las fuentes de información. Agradezco el espléndido trabajo de Tom Maultsby, cuya dedicación, atención a los detalles, gran capacidad de organización y sensibilidad hacia el tema de este libro acabaron haciéndolo imprescindible. Entre muchos otros estudiantes del segundo ciclo, cuya contribución resultó especialmente valiosa, me gustaría dar las gracias a Donna Anderson, John

Hager, Nicki Holliday, Michael Jackson, Bill Josephs, Janet Mamlet y Jacqueline Weeks.

Además, tengo que dar las gracias a muchas personas, hombres y mujeres, que consintieron ser entrevistados por mí y por mis investigadores; a mis pacientes y a los pacientes de mis colegas, que compartieron conmigo sus circunstancias vitales y dilemas para que fueran utilizados en este libro. Aunque todas las identidades y los historiales clínicos han sido cuidadosamente disfrazados, la lucha de los individuos por transcender el condicionamiento destructivo de sus funciones sociales es compartida por muchas personas en nuestra cultura.

A mi editor Eric Lasher, por su sensibilidad, estímulo y talento; a Marsie Scharlatt, por su creativo trabajo de edición; a Marvin Moss, por su ayuda en las cuestiones prácticas, necesarias para hacer realidad este libro, y a Lynn Cherry, por su gran habilidad como mecanógrafa.

Mi más sincero afecto a todos ellos.

PROLOGO

El hombre ha pagado un alto precio por sus «privilegios» y su poder masculinos; ha perdido el contacto con sus emociones y con su cuerpo. Sólo si llega a verse de una nueva manera podrá desbloquear las viejas pautas destructivas y enriquecer su vida.

El movimiento de desarrollo humanista y el movimiento feminista han contribuido a crear un clima propicio para rectificar las pautas de comportamiento rígidas y perniciosas. Pero sería ingenuo creer que experimentarán un desarrollo significativo asumiendo simplemente los cambios que se están produciendo en la actitud de las mujeres. Los hombres tienen que alcanzar por sí mismos la comprensión de lo que es vital para su supervivencia y su bienestar.

Tengo la esperanza de que este libro signifique un paso importante para hacer consciente a cada hombre de cómo se niega y se destruye a sí mismo diariamente. Sólo entonces podrá realizarse plenamente como persona y aprender a ser un amigo y compañero, tanto de los varones como de las mujeres.

I. EL YUGO DE LA CONDICION MASCULINA

La mayoría de los hombres vive con el yugo a cuestas; Richard era uno de ellos. Como suele ocurrir, no era consciente de lo que le ahogaba su yugo masculino hasta que llegó al derrumbamiento casi total de su vida personal, profesional y de su cuerpo.

Hasta ese momento sólo había sufrido algún breve ataque ocasional de depresión que resolvía con una copa. A Richard se le vino todo abajo bastante pronto, a la edad de treinta y tres años. Recurrió a la psicoterapia de mala gana, por indicación de su médico; tenía una úlcera grave, estaba perdiendo peso y, a pesar de las repetidas advertencias de que se estaba matando, bebía mucho.

También tenía graves problemas en su vida personal. Acababa de perder su empleo como pinchadiscos de una importante emisora de radio por haber sido detenido conduciendo en estado de embriaguez. Había destrozado su coche contra un árbol y la foto salió en la primera página de los periódicos. Poco después su mujer se marchó de casa, llevándose a su hija de ocho años, y lo hizo a instancias de algunos amigos que sabían que ese año la había tratado con violencia en dos ocasiones estando borracho.

Cuando comenzó a hablar de sí mismo, se evidenció que había sido firmemente atado a su yugo masculino en los primeros años de adolescencia. En la escuela secundaria ya era bastante alto y más fuerte que la mayoría, por lo que se le instó a que entrara en el equipo de baloncesto, entró y consiguió una gran cantidad de atención.

Tenía una voz profunda y resonante que había cultivado cuidadosamente. Le dijeron que debería hacer anuncios y programas de teatro para la radio, de modo que participaba en todas las obras de teatro de la escuela secundaria. En la facultad se especializó en arte dramático.

En su último año de universidad empezó a salir con una de las chicas más guapas y solicitadas del penúltimo curso. Sus compañeros le envidiaban, cosa que le convenció de que ella merecía la pena. Así que se casó con Joanna un año después de graduarse y se puso a trabajar en una pequeña emisora de radio en Fresno, California. Durante los diez años siguientes desempeñó la función de varón; tuvo una hija y se abrió camino en una profesión muy competitiva.

Hasta que las cosas no se vinieron abajo, no se permitió siquiera ser consciente de que tenía sentimientos propios, y con la terapia empezó a comprender por qué había sido tan necesario que éstos permanecieran enterrados. Eran desconcertantes y temibles.

Por encima de todo estaba la hipersensibilidad hacia lo que los demás pensaran de él como «hombre». Otros sentimientos que fueron aflorando le sorprendieron. Se dio cuenta de cuánto había odiado la tensión de ser un miembro del equipo de baloncesto de la universidad; la preocupación por hacerlo bien y ganar había afectado negativamente a toda su vida universitaria.

Aunque se había acostado con muchas chicas antes de su matrimonio y hasta con algunas después de éste, reconoció que pocas veces había sentido un auténtico placer. Le gustaba la sensación de ser capaz de seducir a una chica, pero la experiencia en sí pocas veces era satisfactoria, así que empezaba la caza de otra en cuanto había conseguido a una. Dijo: «Algunas de esas chicas fueron una pesadilla. Habría sido mucho más feliz sin ellas, pero estaba atrapado en el juego de demostrar mi capacidad y no parecía ser capaz de controlarlo.»

Se dio cuenta de que la preocupación obsesiva durante

los años de secundaria y universidad de cultivar una voz profunda, resonante y «masculina» era similar a la obsesión de muchas mujeres por su figura. Aunque creía haber disfrutado de la atención que le dispensaban cuando estaba en escena, reconoció que, en realidad, no le gustaba ser un animador, o «un bufón de la corte», como él decía.

Se sentía especialmente incómodo cuando pensaba en cómo se había casado. «La verdad es que Joanna me aburría después del primer mes de salir juntos, pero no podía admitirlo ante mí mismo, porque creía que era un gran partido. Me casé con ella porque pensé que si no era yo, sería alguno de los otros chicos. No podía dejar que eso ocurriera.»

Richard tuvo que enfermar, atrapado en su yugo, y llegar casi hasta la destrucción en su representación del papel masculino antes de poder permitirse a sí mismo ser una persona con sus propios sentimientos en lugar de una imagen hueca de la masculinidad. Si no hubiera sido por una úlcera sangrante es posible que hubiera aplazado muchos más años el verse tal y como era.

Como muchos hombres, Richard había vivido como un zombi, un sonámbulo diurno. Y lo que es peor, era un zombi que había tenido mucho «éxito», lo que hacía que para él fuera muy difícil arriesgarse a cambiar. Nuestra cultura está saturada de zombis masculinos con éxito, zombis de negocios, zombis del golf, zombis de los coches de carreras, zombis *playboys*, etc. Juegan su juego ateniéndose a la función que se les ha asignado. Han perdido el contacto con sus sentimientos o huyen de ellos y de su propia conciencia como personas. Han adoptado sus máscaras sociales por la esencia de su ser y se están destruyendo a sí mismos al satisfacer las definiciones tradicionales de cuál es la conducta masculina correcta; se embarcan en su vida y se atienen a estas definiciones. Ellos son los héroes, los sementales, los proveedores, los guerreros, los constructores de imperios, los audaces. Su verdadero ser se contempla siempre a través de estos filtros de las expectativas impuestas a su sexo.

Cuando tienen un problema verdaderamente grave descubren que no son más que sombras, para sí mismos y para los demás. Son desconocidos porque se han ocupado de manipular y enmascarar su verdadero ser para mantener y acumular más prestigio; si se encontraran con otra persona, se sentirían amenazados, y esto les llevaría a escapar o a reaccionar de manera extremadamente defensiva.

Los hombres se valoran entre sí y son valorados por muchas mujeres, en gran parte, por su mayor o menor aproximación al modelo ideal masculino. Las mujeres se han opuesto con violencia, y con razón, a los intentos de que encajen en un molde y a que se las trate como objetos sexuales. Muchas mujeres han definido su función en el matrimonio como una forma de prostitución tolerada socialmente. Afirman que se están vendiendo por una insatisfactoria porción de supuesta seguridad. Por razones de defensa psicológica, el hombre todavía no ha llegado a verse como alguien que se prostituye, día tras día, tanto dentro como fuera de la relación matrimonial.

El instinto de supervivencia natural del hombre se ha atrofiado por el impulso aparentemente más poderoso de mantener su imagen masculina; por ejemplo, prefiere morir en el campo de batalla a arriesgarse a vivir de manera diferente y ser tenido por «cobarde» o que se diga de él que «no es un hombre»; prefiere morir de forma prematura sentado en su escritorio que liberarse de sus obligadas pautas y ocupaciones. Como constata la conclusión de un estudio publicado recientemente: «Un número sorprendentemente alto de hombres que se acercan a la edad de jubilación afirman que preferirían morir a esta forma de enterramiento en vida» [1] *

El hombre en nuestra cultura se encuentra en un atolladero de cara a su desarrollo. No saldrá de ahí, y no porque quiera proteger celosamente su lugar bajo el sol, sino porque *es incapaz* de hacerlo. Es un gigante de cartón que se mantiene en precario equilibrio y está a punto de venirse abajo al más mínimo empujón que lo saque de su trillado sendero. El hombre carece de la flexibilidad de la mujer,

---

* Los números volados corresponden a la bibliografía que aparece al final del libro.

quien puede asumir fácilmente las definiciones y funciones tradicionales tanto del varón como de la mujer; puede ser mujer y esposa o dedicarse a los negocios; puede vestirse según cánones típicamente femeninos o adoptar el estilo masculino. Su dedicación a tareas «femeninas», tales como las labores de costura o la cocina, será recompensada con amor o se la admirará por compartir con el hombre sus intereses «masculinos»; esto la convertirá en «una mujer para un hombre»; puede ser sexualmente activa o pasiva. Mientras tanto, él está atrapado en su rígida pose masculina y es severamente castigado cada vez que se aparta de ella, de muchas maneras, sutiles y directas.

A diferencia de algunos de los problemas de las mujeres, los de los hombres no se cambian de manera fácil mediante la legislación; el hombre no tiene blancos evidentes y claramente definidos contra los que descargar su rabia; sin embargo, está oprimido por las presiones culturales que le han arrebatado sus sentimientos, por la mitología de la mujer y por su manera distorsionada y autodestructiva de verla y de relacionarse con ella, por la exigencia que pesa sobre él de «actuar como un hombre», que bloquea su capacidad de reaccionar, emocional y fisiológicamente, a sus impulsos internos, y por un odio generalizado por sí mismo que hace que sólo se sienta cómodo cuando funciona bien uncido a su yugo, y no cuando vive con alegría y dedicado a su desarrollo personal.

La reacción más extendida entre los hombres «bien informados» ante el movimiento de liberación de la mujer es una prueba de su incapacidad de actuar para sí mismos. El hombre ha reaccionado a las reivindicaciones feministas, poniéndose un sayal, derramando ceniza sobre su cabeza y flagelándose, acusándose exactamente de las mismas cosas que ellas le reprochan. Un artículo titulado «Has recorrido un largo camino, amigo», quizá ilustre mejor la actitud de odio hacia sí mismo del hombre. En él, el autor decía:

> Los miembros del movimiento por la liberación masculina son... una especie de vanguardia embarazosa, los primeros hombres de los que se tiene noticia que adoptan una postura política basada en la idea de que las mujeres tienen

razón en lo que dicen: los hombres no son más que una pandilla de opresores perezosos, egoístas, lujuriosos y desgraciados [2].

Muchos otros autores, sin duda bienintencionados, que han escrito sobre la condición del hombre, han adoptado un planteamiento fundamentado en la culpa y en la vergüenza, y alternan entre la reprensión, la admonición y la prédica para convencerle de que debe cambiar y dejar de ser un machista. A lo largo de muchos años como psicoterapeuta, jamás he visto que una persona madure o cambie de una manera constructiva y significativa movida por la culpa, la vergüenza o el odio a sí misma. Este tipo de planteamiento es sospechosamente parecido al de las viejas religiones y degrada al hombre al ignorar la complejidad de los dilemas y represiones que son su patrimonio emocional.

Precisamente porque el tono y el talante de los esfuerzos realizados hasta ahora por la liberación del hombre han sido de autoacusación, odio a sí mismo y repetición de las reivindicaciones feministas, creo que el hombre actual está condenado al fracaso. Se deja vender el mito de que está favorecido culturalmente, un concepto al que no quiere renunciar, a pesar de que todas las estadísticas con algún sentido crítico relativas a la longevidad, las enfermedades, el suicidio, el crimen, los accidentes, los trastornos emocionales infantiles, el alcoholismo y la drogadicción muestran unas tasas desproporcionadamente más altas en los hombres.

Muchos de los hombres que se unen a grupos proliberación masculina lo hacen para complacer o impresionar a sus mujeres, o para aprender cómo tratar o conservar a sus mujeres o novias recientemente liberadas. Una vez que forman parte de un grupo proliberación masculina intelectualizan sus emociones y sus reacciones hasta despojarlas de toda vitalidad. Además, los hombres tienen tendencia a acusarse unos a otros de pensar como «el típico machista» o de utilizar palabras como «titi», «pollita», «tortillera», etc. Han interiorizado las voces de sus acusadoras feministas y el ambiente resultante carece de alegría, está lleno de fariseísmo y de recelo, y carece de energía vital. Una nueva competitividad de una clase más sutil impregna el ambiente: la competencia por ser el menos competitivo y el más libre de los lugares comunes del machismo.

El movimiento por la liberación de la mujer no tuvo el asombroso efecto que ha tenido por medio del odio hacia sí mismo, la culpa o el deseo de aplacar al hombre. En lugar de eso tomó su energía de la rabia y el agravio. El hombre no cambiará de manera significativa hasta que no sea consciente de la furia reprimida que le producen los interminables dilemas sin solución que le acosan, las rígidas definiciones de su papel, la incesante presión para que sea todo tipo de cosas para todo tipo de personas y la actitud culpable y abnegada que ha regido tradicionalmente sus relaciones con las mujeres y con sus propios sentimientos y necesidades.

La furia masculina, al estar tan fuertemente reprimida, se manifiesta sólo indirecta y ocultamente. En la actualidad está tomando la forma de desapego emocional, abandono de las relaciones interpersonales y pasividad en sus relaciones con las mujeres. El hombre se ha replegado sobre sí mismo para negar su ira y para protegerse a sí mismo y a los demás de su corriente subterránea de resentimiento y furia. Los patéticos intentos intelectualizados para no ser machistas *jamás* darán resultado.

También hay una idea muy extendida según la cual los hombres serán liberados de algún modo como un subproducto del movimiento feminista. Es una fantasía que resulta consoladora para el hombre, pero no veo ninguna base sólida que permita creer que se hará realidad; se limita a disfrazar el temor a determinar activamente sus propios cambios. En realidad, se moverá si reacciona de modo inerte y pasivo, pero no en una dirección significativa y provechosa. Si tiene que haber un cambio constructivo para él, tendrá que trazar su propia ruta, desarrollar su propio estilo y experimentar sus propias angustias, su miedo y su ira, ¡porque *esta vez mamá no lo hará!*

Hace poco pedí a algunos hombres que me escribieran contándome cómo veían su condición y qué significado tenía para ellos la liberación. En casi todos los casos estaba presente una sensación de asfixia y confusión.

Un hombre de negocios de cuarenta y seis años escribió:

¿De qué tengo que ser liberado? Soy demasiado viejo y estoy demasiado cansado para preocuparme por mí mismo. Sé que no soy más que una mediocridad de calidad superior. He llegado a aceptar una vida en la que todos los sueños han resultado ser irreales. No sé cómo tendría que cambiar mi papel social o el de mi hijo. Si lo supiera, supongo que sería de alguna manera que hiciera que mi mujer fuera más feliz y menos arpía.

Un carpintero de treinta y nueve años, hablando de las «alegrías» del trabajo, decía:

Afirmo que las ocasiones en que el trabajo es divertido y gratificante de una manera sana son bastante limitadas. La mayor parte del tiempo se ha tratado más bien de correr, por miedo al fracaso.

Hablando de sus relaciones, prosigue:

Hay otro aspecto de la liberación femenina y masculina que no he tratado con profundidad. Se trata de la creación de amistades íntimas fuera del matrimonio. Mis pasadas experiencias han producido tantas tensiones que ahora tengo mucho cuidado de limitar cualquier contacto de este tipo. ¿De qué se tiene miedo? No me gustaba el sentimiento de inseguridad de mi mujer y las tensiones internas que yo sentía. Me creaba sentimientos de culpa.

Un profesor de universidad de cincuenta y siete años lo expresaba de este modo:

Sí, la liberación masculina es necesaria y casi nadie escribe sobre el tema tal y como es, aunque algunos hacen chistes. Mi reacción visceral, que es la que usted pedía, es que los hombres —los famosos machistas que descuidan a sus mujeres, pagan mal a sus empleadas y dominan el mundo— son literalmente esclavos. Están recogiendo el algodón en los campos, sudando, maldiciendo, recibiendo latigazos del capataz, trabajando cincuenta horas a la semana para mantenerse a sí mismos y a la plantación, y sólo entonces vuelven a casa para trabajar otras veinte horas semanales secando platos, cargando bolsas de basura, rellenando cheques y haciendo de mayordomos en las fiestas. Les ocurre a los maridos jóvenes y a los de mediana edad. Los jóvenes solteros pueden tener más suerte durante un par de años después de acabar los estudios, pero lo he olvidado, ¡y nunca volveré a ser joven! Los viejos, a algunos les va bien, a otros mal.

El papel masculino: ¿cómo ha afectado a mi vida? A los treinta y cinco años decidí preocuparme más de la unión y los ingresos familiares en perjuicio de mi carrera si fuera necesario; a los cincuenta y siete no veo ninguna satisfacción por el tiempo pasado con y para la familia, en términos de amor y agradecimiento. Veo mil castigos por haber descuidado mi profesión. Sencillamente estoy cansado y he estado a punto de dejarlo todo y empezar de nuevo; dedicarme sólo a investigar, publicar, enseñar, administrar, jugar al tenis y viajar. ¿Por qué no lo he hecho? Porque me siento culpable. Y por el amor. Y por el miedo a la soledad. ¿Cómo debería cambiar el papel del hombre en mi familia? La verdad es que no sé cómo podría hacerlo, pero me gustaría tener mucho más tiempo para mis cosas.

El aspecto más notable y significativo del movimiento feminista hasta la fecha ha sido la audaz disposición de la mujer a reconocer sus recelos y su resentimiento hacia los papeles consagrados por la tradición, de esposa e incluso de madre. Pero el hombre aún tiene que darse cuenta, reconocer y rebelarse plenamente contra los aspectos angustiosos y asfixiantes de muchos de los papeles que desempeña: desde el de buen marido a buen papá, buen proveedor, buen amante, etc. A causa de la presión interna para afirmar constantemente su dominación y su masculinidad, continúa actuando como si fuera capaz de soportar, satisfacer y hasta disfrutar de todas las expectativas que pesan sobre él, por contradictorias y debilitadoras que sean.

Ya es hora de quitarse los disfraces del privilegio y de revelar la condición del hombre tal y como es realmente.

[illegible]

[illegible]

[illegible]

[illegible]

[illegible]

II. LA «MADRE TIERRA» HA MUERTO

Gary encontró a su «madre tierra» cuando era un estudiante de último año a punto de licenciarse en administración de hospitales. Ella era una enfermera diplomada que trabajaba en el Departamento de Pediatría del mismo hospital privado en el que él hacía prácticas: «Me enamoré de ella cuando vi lo bondadosa que era con los niños de su sala. También me excitaba el modo en que era capaz de aceptar todas las órdenes de los médicos y del jefe de enfermeras, que era un hombre, sin rebelarse..., no sé si me entiende.»

Nancy era para Gary una de las últimas «buenas» *mujeres femeninas* que sabían lo que significaba *ser* una mujer de verdad. Hizo todo lo posible por conquistarla, y tres meses más tarde se fueron a vivir juntos.

Ella resultó ser todo lo que él había pensado. Mientras él todavía estaba estudiando y ganaba poco dinero, ella le ayudaba gustosa a pagar parte de las facturas: cocinaba, limpiaba y hasta le costeaba algunas de sus caras aficiones como las carreras de bólidos y las motos. Las piezas de los coches eran caras y ella se las compraba con gusto cuando él no tenía dinero. Se sentía poderoso y se sentía regocijado en secreto al pensar que cuando iba con ella en coche por la autopista y se sentía repentinamente excitado, podía obligarla a hacerle una *fellatio*. Estaba seguro de que nunca haría eso por ningún otro hombre. Sabía que a ella no le gustaba, pero que lo hacía porque lo quería. Con ella vivía en el mejor de los mundos posibles: un ama de casa estupenda, una compañera sexual apasionada y una mujer que además era totalmente leal y fiel. Se decía a sí mismo: «¿Qué más podía desear?»

Ocho meses más tarde ella se quedó embarazada y se casaron. Como Gary apenas ganaba dinero y le faltaban seis meses para graduarse, Nancy trabajó hasta dos semanas antes de la fecha prevista para dar a luz. Tuvieron un niño.

Dos años más tarde tuvieron su segundo hijo. Ella siguió trabajando en el hospital, y sólo se tomaba un mes de vacaciones después de dar a luz. En casa trabajaba más que nunca; hasta limpiaba el garaje en el que él guardaba su moto y su coche de carreras.

Cuando llevaban seis años casados, Nancy conoció a un joven pediatra asignado a su sala, un solitario y algo inconformista que estaba interesado en la meditación y el ocultismo. Empezaron a verse en secreto, hasta que Nancy dejó por descuido una nota en casa con el nombre y el número de teléfono de su amante. Gary la encontró y le pidió explicaciones. Ella admitió que estaba enamorada de otro hombre. Gary se puso furioso y reaccionó con violencia, y Nancy huyó de la casa.

Cuando el amigo de Nancy se enteró de que había hablado a su marido de su relación, se sintió amenazado y furioso, y la abandonó. Nancy, como se sentía confusa, insegura y asustada, regresó junto a su marido; esta vez se mostró aún más servil que antes y Gary se hizo todavía más autocrático. El se sintió capaz de admitirla de nuevo al razonar que sólo había tenido ese amante porque estaba bajo una gran presión y no sabía bien lo que hacía. Pero él iba a demostrarle que había cometido el mayor error de su vida al tontear por ahí. Ahora se sentía con verdadero derecho a tiranizarla.

De vuelta a casa, Nancy empezó a manifestar algunos síntomas preocupantes. No quería comer y estaba consumiéndose lentamente; tuvo que ser ingresada en un hospital para que le administraran alimentación por vía intravenosa. Cuando finalmente volvió a comer y regresó a casa, se negó a hacer las tareas del hogar y comenzó a ignorar a los niños. Siguió trabajando como enfermera y fue a ver en secreto a su abogado y a un psicoterapeuta. Poco tiempo después ordenó a su marido que se marchara de casa. El sufrió una conmoción y no fue capaz de creer lo que estaba ocurriendo. Ahora ella le trataba con frialdad, amargura y odio.

Aun así, Gary intentó aferrarse a su ilusión de la «madre tierra». Siguió diciéndose a sí mismo que estaba mentalmente enferma y que pronto «recobraría el juicio». Pasaron dos meses y no sucedió nada; en lugar de eso ella se hizo más fuerte y más independiente.

Ante esta situación, Gary empezó a derrumbarse. Iba a casa a ver a los niños y de repente explotaba y la trataba violentamente. Por último, ella tuvo que conseguir una orden judicial para impedirle entrar en la casa. En venganza, él contrató a un detective para que encontrara pruebas que demostraran que no era una buena madre. Cuando no consiguió nada se deprimió y se sintió agobiado por la angustia.

Logró convencerla para que fuera a ver a un psicoterapeuta con él. Cuando el terapeuta le preguntó por qué seguía persiguiéndola cuando era evidente que ella ya no estaba interesada en él, soltó una bravata: «Sigue siendo el mejor culo que he tenido en mi vida. Nadie podría quererla como yo, y ella lo sabe. Volverá.»

Resulta muy interesante que Nancy confesara previamente al terapeuta que nunca, a lo largo de su matrimonio, había disfrutado de las relaciones sexuales con Gary, que sus reacciones siempre habían sido fingidas y que nunca había tenido ni un solo orgasmo.

Después de asistir a las sesiones de terapia durante dos meses, Gary renunció a intentar volver a conquistarla. En ese momento empezó a mejorar. Veía a sus hijos los fines de semana y se convirtió en un mejor padre. Comenzó a disfrutar realmente de ellos, algo que nunca había hecho durante su matrimonio, porque siempre estaba demasiado ocupado compitiendo con ellos por la atención de Nancy. Nancy inició una relación seria con otro hombre, pero esta vez Gary lo aceptó y él también comenzó a salir con otra mujer.

El fenómeno de la mujer pasiva y sumisa que, de manera

repentina e inexplicable, sufre un cambio radical y abandona a su asombrado marido se ha convertido en algo muy frecuente. Se ha llegado al extremo de que muchos hombres se han humillado a sí mismos para recuperar a una mujer que les ha rechazado, hombres de éxito, aparentemente fuertes, autosuficientes e «independientes» que se han puesto de rodillas ante ellas. Hombres que aparentemente lo tenían todo, han pasado por graves depresiones y han intentado suicidarse, han sufrido terrores nocturnos y han maltratado físicamente a la esposa descarriada o a su novio; se han entregado a manipulaciones increíblemente infantiles y degradantes para tratar de recuperar a «su» mujer.

Un paciente de cuarenta y nueve años que estaba separado de su mujer mantenía a ésta y a su hijo gustoso, mientras ella vivía con el novio por el que le había dejado. Esperaba que si él era un «buen chico» ella acabaría volviendo. El que antes era el amo absoluto de la relación se había convertido en el esclavo absoluto. Ella decidía cuándo podía ver a su hijo, cuándo podían verse y cómo tendría que cambiar para que ella considerara la posibilidad de reanudar la relación con él.

También es frecuente que los hombres que han sido abandonados por su «madre tierra» sigan creyendo que a ella no se le ocurriría acostarse con otro hombre. Lo que dicen con frecuencia es: «La conozco como la palma de mi mano.» Sin embargo, invariablemente resulta que se están forjando falsas ilusiones.

Este abandono de la madre tierra a menudo es repentino e inesperado. Demuestra más allá de toda duda lo poco que sabían estos hombres de los sentimientos profundos de sus mujeres o novias, confiando desde el primer momento en que todo, incluido el sexo, era maravilloso.

En un artículo publicado en el *New York Times*, titulado «Soy un hombre herido», el marido, un escritor y ejecutivo de relaciones públicas, hablaba de su experiencia al ser abandonado por su mujer:

> «Yo creía que éramos una familia completamente feliz hasta que mi mujer me dijo, sin previo aviso, que ya no me

quería y que quería el divorcio. No se trataba de infidelidad, alcoholismo, malos tratos, discusiones o abandono, sino de que ya no significaba nada para ella y que quería irse»[1].

Un joven que fue entrevistado por uno de mis ayudantes lo describió de este modo:

> Ocurrió prácticamente sin previo aviso. Un día llegué a casa y se había ido. Luego recibí esta carta de ella, en la que decía: «No tiene sentido hablar de ello. He tomado una decisión.» Yo no sabía si era por algo que yo había dicho o hecho, o no había dicho o hecho. A ella le parecía que yo tenía que saber por qué se había marchado exactamente. Pero yo no era consciente de nada. Nunca me dio la oportunidad de cambiar nada. Nunca me advirtió siquiera de que había algún problema. Me ha costado cuatro años librarme de su dominio, de la influencia que tenía en mí. Todavía no la he olvidado por completo.

En todos estos casos el hombre se vino abajo, como si su fuente de energía, su razón para vivir, se la hubieran arrebatado. Y cada uno de estos hombres pasó por una fase en la que decía: «La vida sin ella no merece la pena.»

Estos ejemplos no son extraordinarios, ni siquiera únicos. Los hombres implicados tampoco eran personalidades enfermas o atípicas. El fenómeno del derrumbamiento del hombre cuando es abandonado de forma repentina por su «madre tierra», su mujer supuestamente «totalmente devota y sumisa», se está haciendo cada vez más frecuente.

Este fenómeno ha sido parcialmente documentado hace poco en un libro que explora las tendencias contemporáneas en las relaciones hombre-mujer. La investigación del autor reveló con claridad la existencia de una de estas tendencias. «...La mujer que todo lo aguanta pertenece en gran medida al pasado. Las estadísticas demuestran que a menudo es ella, y en ciertas fases del matrimonio más a menudo, la que entabla el proceso de divorcio»[2].

Según un mito cultural ampliamente extendido, la mujer es la más dependiente en la relación hombre-mujer. Se supone que el hombre es superficial desde el punto de vista emocional e incapaz de mantener una relación profunda e íntima con una mujer. Sin embargo, la experiencia clínica indica que esta «superficialidad» no es más que un mecanismo de autoprotección utilizado por el hombre para evitar revelar su vulnerabilidad. Es decir, se resiste a la intimidad y la dependencia de la mujer *porque, una vez que una mujer atraviesa sus defensas inconscientes, él se encuentra profundamente ligado a ella, hasta el extremo de llegar a una dependencia profunda y casi absoluta.* Especialmente en los primeros matrimonios, muchos hombres buscan, de forma inconsciente, una relación de dependencia primitiva como la que tenían con sus madres, y como el bebé a quien se le retira inesperadamente el pecho, se enfurecen y desesperan cuando se les priva de esta fuente de bienestar.

Recientes estudios sobre las enfermedades mentales, el suicidio y la muerte parecen confirmar la teoría de la profunda dependencia del hombre con respecto a la mujer y su vulnerabilidad cuando se encuentra sin ella. Los investigadores, tras analizar numerosos estudios de hombres divorciados y viudos, concluían: «... Cuando comparamos a los hombres solteros con las mujeres solteras, a los hombres divorciados con las mujeres divorciadas, y a los viudos con las viudas, en cada uno de los casos es el hombre el que tiene más probabilidades de acabar internado en una institución mental»[3].

Los datos del Banco Nacional de Estadísticas Vitales (National Vital Statistics System) indican que el hombre divorciado tiene una tasa de mortalidad anual que supera en tres veces la de la mujer divorciada[4]. En un estudio sobre un grupo de viudos, los investigadores comprobaron que la tasa de mortalidad, particularmente por enfermedades de las arterias coronarias, aumentaba en un 40 por 100 más de lo previsto durante los seis meses siguientes a la muerte de sus esposas[5]. Un estudio reciente sobre el suicidio reveló que en algunas zonas de América existe una tasa de suicidios entre los solteros que supera en cuatro veces a la que se da entre las solteras[6]; otro indicaba que los hombres que han perdido hace poco a sus madres muestran claramente una mayor propensión al suicidio que los que no han sufrido esa pérdida [7]. Por último, recientes investigaciones sobre el segundo matrimonio indicaban que el divorciado tiende a volver a casarse antes, tras su primer divorcio que la mujer divorciada [8].

La pauta es siempre la misma. Las pruebas indican sin ningún tipo de duda que el hombre que pierde el cariño de la mujer, sea divorciado o viudo, y el hombre soltero que no disfruta de él, es sensiblemente más vulnerable a las enfermedades mentales, el suicidio, y la muerte que la mujer en una situación similar.

Yo tengo mi propia teoría, que concuerda con estos datos, sobre la razón por la que las mujeres de nuestra cultura viven mucho más que los hombres. Estoy convencido de que el hombre teme inconscientemente ser incapaz de sobrevivir sin la mujer. Fuera de su fuerte vínculo con su mujer, con frecuencia es un ser aislado y alienado; tiene pocos amigos íntimos varones; ha reprimido su interés por otras mujeres y ha sido un padre pasivo y poco interesado por sus hijos; todas sus necesidades están orientadas hacia ella. Sin embargo, cuando una mujer pierde a «su hombre», sigue teniendo relaciones cercanas que la sostienen, otras mujeres y sus hijos. La mujer, como es menos dependiente del hombre, puede salir adelante con o sin otro hombre.

El hombre es profundamente dependiente de la mujer desde el momento de la concepción. Las raíces y explicaciones de esto residen en su temprano condicionamiento social y emocional. El embrión y el feto dependen de la placenta. Cuando el niño nace depende del pecho y, a lo largo de su primera infancia, tiene mucha dependencia de su madre, que es su relación humana fundamental. Es *ella* quien lo sostiene, lo mece, lo lava, le consuela y lo viste. Es *ella* la que le marca los límites, le enseña a distinguir el bien del mal, lo alienta con sus alabanzas y lo controla con el castigo. La niña también ha dependido de su madre, una figura femenina, pero no la dependencia profundamente arraigada del hombre para su sustento psíquico comparable a la del niño.

A pesar de sus bravatas y de todo el jaleo que arma, asegurando que no permitirá que una mujer le controle o le domine, para poder mantener así su fantasía de ser el más fuerte y el que controla totalmente la relación, el hombre ve inconscientemente en la hembra su cuerda de salvación, su conexión con la supervivencia y su fuente de energía. Muchos hombres adultos, cuando han establecido una relación fundamental, empiezan a dejar de lado casi todas las demás relaciones. La dependencia se hace cada vez más intensa y la crisis que se produce si ella le abandona a menudo destroza su vida.

La mujer no desarrolla este tipo de dependencia intensa del hombre. Este no ha sido nunca su cordón umbilical; en ella no existe una dependencia profundamente arraigada de aquél para su sustento psíquico; de niña dependía de su madre y no de su padre. Por consiguiente, un divorcio, la viudedad o el abandono de un hombre pueden resultar traumáticos, pero el trauma es menos profundo o primordial y puede recuperarse con mayor rapidez.

La fantasía de la «madre tierra» también es fomentada por el odio hacia sí mismo. De pequeño, las canciones infantiles le decían que estaba hecho de «ranas y caracoles y colas de perritos», mientras que ella era «azúcar y especias y todo lo que es bueno». El ha llegado a creer que ella da la vida y la sustenta, mientras él la destruye. Ashley Montagu lo expresó así: «La mujer es la creadora y promotora de la vida; el hombre ha sido el mecanizador y destructor de la vida... Las mujeres aman la raza humana; los hombres le son generalmente hostiles»[9]. El hombre se identificó con esta imagen negativa de lo masculino y le parecía extraordinario que ella pudiera amarlo, a pesar del hecho de que él era brutal, lascivo y agresivo; en una palabra, «perverso». La fantasía masculina sobre la pureza de su «madre tierra» es equivalente a la ingenua creencia del niño de que sus padres nunca tienen relaciones sexuales o hacen cosas poco honradas.

¿Qué le está pasando hoy a la mujer? ¿Se está transformando en una persona distinta? La respuesta es «no». Sencillamente está saliendo a la luz, revelando su verdadera identidad y permitiendo que su agresividad, largamente reprimida, salga a la luz. Tradicionalmente la mujer se ha sentido obligada a ajustarse a la fantasía masculina que la representaba como un ser frágil, indefenso y dependiente. El hombre esperaba de su mujer poco más que la confirmación de su propia imagen de fuerza al vivir de acuerdo con lo que se esperaba de ella, mostrándose pura, leal, pasiva, misteriosa, asexual (excepto quizá con él); alguien que supuestamente se realizaba como persona simplemente por su devoción a él y a sus hijos. Ella parecía bastante dispuesta a representar este papel de fuerte roca que todo lo sustenta y lo facilita. Se contentaba con disfrutar de los éxitos de su hombre. El podía complacerla simplemente teniendo éxito y ella se identificaba con éste. Estaba dispuesta a jugar a ser la «madre tierra»-Madonna: modesta, pura, asexuada y espiritual. Como lo expresaban dos psicólogos en un reciente artículo sobre el tema:

> La mujer típica... durante el noviazgo... asumía el convencional papel femenino pasivo y sumiso; dicho de otro modo, reforzaba el ego del hombre a expensas del suyo propio. Si no se sentía totalmente arrastrada por la atracción física, hacía una sagaz valoración de su potencial como sostén de la familia y compañero de cama, y luego se dedicaba a demostrarle que ella era el ama de casa, buena compañera y madre de sus hijos que él estaba buscando... [ella]... fingía ser más «femenina» de lo que quizá era realmente...[10]

Ahora las mujeres también niegan que se realicen desempeñando el papel de madre de los hijos de su marido. Una madre que había renunciado a la custodia de sus hijos empezó a admitir sus anteriores y emocionalmente poco sinceros intentos de ser una «madre tierra» cuando se quedó sola. En un principio había querido tener siete hijos; ahora, al hablar de las visitas que hacía a sus hijos, afirmó: «...me di cuenta de que iba a verlos impulsada por un sentimiento de culpa, del mismo modo que he estado viviendo con ellos todos estos años impulsada por un sentimiento de culpa. Me quedé asombrada cuando me di cuenta de que no les tenía tanto cariño... Ahora estoy haciendo más o menos lo que hacen los hombres. Los niños ya no son una parte fundamental de mi vida, en términos del tiempo que paso con ellos»[11].

(Ya en 1923, Ruth Read, de la Universidad de Columbia, publicó un artículo en el que entrevistaba a ochenta y siete mujeres embarazadas. Les preguntó si esperaban a sus bebés con alegría; el 75 por 100 respondió «no», aduciendo muchas razones diferentes. De las que respondieron «sí», una parte lo hizo sólo porque su religión consideraba la maternidad como un deber[12]. ¡Hace más de cincuenta años!)

Tradicionalmente, los hombres no reconocían la existencia de la agresividad femenina. Necesitaban mantener la imagen de una mujer débil para poder negar sus propias necesidades dictadas por su dependencia y poder considerarse fuertes. Como la agresividad de las mujeres estaba considerablemente reprimida, se manifestaba de un modo diferente a la de los hombres y corroboraba esta fantasía. Una profesora de niños de primer grado hablaba de esta diferencia y de cómo se manifestaba a una edad temprana: «... Los niños eran físicamente más agresivos que las niñas, pero... eran como "ositos de peluche". Su comportamiento era bastante directo y activo. Por el contrario... las niñas que eran agresivas tendían a ser "mezquinas y retorcidas".»[13]

Cuando la agresividad femenina largamente reprimida se manifiesta por fin de manera abierta y directa puede adoptar formas muy extremadas. La columnista Shana Alexander escribía hace poco sobre el tema. Explicando las razones por las que dejó su cargo administrativo en el Comité Político Nacional Femenino, escribía:

> ... la salvaje lucha cuerpo a cuerpo entre las líderes feministas me agotó... Más tarde, decidí que la razón por la que las mujeres son unas combatientes tan duras, brutales y destructivas, la razón por la que las luchadoras femeninas carecen de equilibrio, de gracia, de ritmo y de clemencia, desde luego no es que seamos víctimas de incontrolables impulsos hormonales como sostienen algunos hombres... Creo que la ira femenina siempre a flor de piel, el impulso de saltar a la yugular a la menor provocación, la disposición a «hacer estallar todo por los aires» es la consecuencia de la ausencia de una tradición caballeresca femenina[14].

Las mujeres han empezado a ser conscientes de su furia reprimida con respecto a su antiguo papel y a darle vía libre. Esta situación representa una conmoción para el ego de muchos hombres. Se está desmoronando su fachada de sexo más fuerte. Como en la reacción de incredulidad que se produjo en todo el país en los primeros momentos de la crisis de energía, al hombre también le está resultando difícil comprender que su fuente de energía, que en otro momento parecía inagotable, ahora no lo es. Ha sido liberado de sus ataduras y forzado a un estado de autonomía para el que no estaba realmente preparado. Algunos hombres se lo han jugado todo a una sola carta emocional y no tienen fuentes de sustento a las que recurrir. Pero las mujeres están en una posición mucho más ventajosa. Están descubriendo la verdad emocional de que pueden arreglárselas muy bien sin los hombres. Tienen menos miedo de mostrarse sinceras y de intimar con sus iguales, las otras mujeres, y son capaces de aceptarse y apoyarse mutuamente. El hombre se ha aislado y alienado de los otros, supuestamente para traer a su mujer el botín de su victoria en la competición. Ahora, su mujer también se revela como su competidora y hasta su enemiga potencial, al dedicarle encendidos calificativos como «cerdo machista». No sólo ha perdido a su «madre tierra», sino que es presa del miedo y la confusión, se arrastra suplicando ser liberado, no necesariamente en beneficio propio, sino más bien para complacerla *a ella*.

Mientras que las mujeres han expresado con bastante libertad su ira hacia los hombres, éstos son, en gran medida, incapaces de expresar su furia hacia las mujeres, en especial su resentimiento por haber perdido el control de sus relaciones con ellas. Cuando imparto cursos sobre capacitación agresiva, recurro con frecuencia a un ritual que llamamos el «club de los sexos», en el que animo a hombres y mujeres, solteros y/o casados, a vomitar por turnos sus sentimientos de hostilidades más profundos hacia el sexo opuesto. Invariablemente me encuentro con que la mujer, opuesta «en teoría» a la agresividad y también pasiva, es capaz de hacerlo con bastante facilidad, mientras que el hombre está muy bloqueado en la expresión de su furia hacia las mujeres. Es «poco viril» reconocer abiertamente su vulnerabilidad o su furia y con frecuencia esto está relacionado con el miedo a ser un pendenciero, y, por consiguiente, la ira que le produce la situación se manifiesta sólo de manera indirecta. Se convierte en algo parecido a una máquina. Expresa su ira sobre todo apartándose emocionalmente de ella, así como de sí mismo. Se desentiende de su ira y se vuelve invulnerable.

La furia masculina se ve intensificada por el reconocimiento inconsciente y consciente de que los viejos papeles ya no son operativos, y puede que sean los únicos que sabe representar verdaderamente. Sabe que ella está descubriendo que es tan fuerte, si no más que él, y que puede sobrevivir sin él con mucha más facilidad que él sin ella. En las fantasías en las que se odia a sí mismo puede sentir incluso que puede llegar a ser completamente desechado por ella. Después de todo, ella se está rebelando contra cualquier inferencia en el sentido de que existe algo llamado conducta «femenina» o «maternal». Algún día también puede que no lo necesite para la procreación; incluso puede ser inseminada artificialmente.

Sin embargo, el hombre todavía tiene que comprender los aspectos tan beneficiosos del resurgimiento de la mujer como un ser abiertamente seguro de sí mismo y agresivo. La fantasía de la «madre tierra» ha muerto. La mujer está descubriendo su agresividad, su furia y su fuerza. Como afirmaba una mujer: «Lo que descubrimos fue que el despertar de la conciencia nos aclaraba lo que queríamos ser: personas valerosas, independientes, creativas, cálidas, cariñosas y seguras de nosotras mismas, y lo que queríamos tener: un trabajo que fuera importante para nosotras y relaciones de reciprocidad, enriquecedoras, sexuales y no masoquistas.»[15] Es el momento de que *él* renazca como una persona plena y de que *él* ingrese de nuevo en la realidad emocional total. Puede desprenderse de su fantasiosa imagen de ella como alguien frágil, dependiente y puro, y de su visión de sí mismo como alguien siempre fuerte, independiente y perverso.

Cuando la mujer rechaza su papel de pura reacción pasiva, el hombre ahora puede liberarse más fácilmente de la culpabilidad crónica que procede de ser la persona que *actúa*, mientras que ella se limita a *reaccionar*. La sexualidad es un ejemplo excelente de ello. En el pasado, las mujeres negaban su sexualidad; supuestamente el sexo era una necesidad para *él*, no para *ella*; ella no se hacía responsable de su sexualidad, de manera que, con frecuencia, él acababa sintiéndose degradado y egoísta por reconocer sus necesidades; también podía esperar a que él la deseara y la engañara, para luego señalarlo de modo acusador con el dedo; ella era «limpia» y él «sucio»; pero ahora, que ella está confesando sus propias necesidades sexuales, el panorama está cambiando radicalmente.

Resulta esclarecedor y bastante sorprendente para los hombres enterarse de que las mujeres realmente piensan y tienen sentimientos acerca del sexo. Con frecuencia, forman un crudo contraste con lo que los hombres creen que sienten sus «madres tierras». Una técnica que utilizo a menudo en los grupos de terapia acelerada es lo que se denomina la «pecera». Las mujeres se sientan en un círculo y hablan entre ellas de sus experiencias y sentimientos relativos a los hombres en la cama, hablando como si ellos no estuvieran presentes. Los hombres se sientan en el exterior del círculo y escuchan. Estos son algunos de los comentarios de las mujeres:

> «Me gustaría que no se preocuparan tanto por mis malditos orgasmos.»
>
> «Tengo tanto miedo de dañar sus egos diciéndoles lo que quiero de verdad.»
>
> «A veces tengo ganas de gritar muy fuerte, pero tengo miedo de asustarlos. Los hombres son tan silenciosos en la cama.»
>
> «Si les digo que quiero hacer el amor o tomo la iniciativa, la mayoría de los tíos se quedan helados. Supongo que piensan que soy una ninfómana.»
>
> «La mayoría de los tíos cree que tienen que tomarse mucho tiempo, todo el tiempo. No parecen comprender que a veces también yo sólo quiero follar y no "hacer el amor". A veces, me encanta un polvo rápido.»
>
> «La mayoría de los tíos piensa que como nos hemos acostado, yo voy a esperar que la relación continúe, así que huyen. A veces, yo también quiero una relación puramente física sin ataduras emocionales.»
>
> «Se supone que somos nosotras las que nos sentimos culpables a la mañana siguiente, pero creo que hay más tíos que se sienten mal después de hacerlo. Es como si no les gustara acordarse de lo que han hecho la noche anterior.»

Hay algo que es más importante, en la actualidad el hombre se está liberando de la sensación de tener que responsabilizarse de la mujer. Ella se está transformando en una persona abiertamente segura de sí misma en lugar de ser alguien que lo controla y lo manipula de manera consciente o inconsciente, mostrándose «indefensa» o «frágil», o desarrollando síntomas psicológicos o psicosomáticos, porque no puede expresar abierta o directamente su agresividad o su sexualidad.

En este proceso de renacimiento de la mujer y el hombre, él puede desprenderse de su visión distorsionada de ella y permitirle que asuma al igual que él la responsabilidad de los problemas y tragedias de la vida. Su competitividad manifiesta o secreta, que llega incluso a la violencia, hacia los otros hombres, ya no necesita justificarse como algo necesario para la supervivencia de su mujer y su familia. Al atribuirle los rasgos de fragilidad e indefensión, el hombre aceptó los aspectos sucios de la competición y la fealdad de la guerra. Este ha sido siempre su terreno. Luchaba para demostrar sus méritos como protector y proveedor. Ahora puede renunciar a esta actitud autodestructiva.

La muerte de la «madre tierra» significa que ahora puede liberarse definitiva y totalmente de su actitud como macho. Puede darse prioridad a *sí mismo* y a *sus* necesidades sin sentirse culpable, al igual que ella está empezando a reconocer las suyas. Así como ella ha manifestado su repugnancia por muchos aspectos de su papel, él también puede reconocer sus verdaderos sentimientos sobre las muchas renuncias que supone ser el diligente proveedor, el marido fiel, padre responsable y el hombre siempre fuerte.

Se verá obligado a evolucionar para sobrevivir ante otra cuestión de importancia. La fantasía de la mujer como lectora de la mente le ha permitido aferrarse al deseo infantil de que se le adivine, de que su mujer, que es todo sabiduría y todo amor, sepa reconocer y satisfacer sus deseos por arte de magia sin que él ni siquiera tenga que pedírselo. Ahora tendrá que aprender a reconocer y manifestar sus necesidades para después pedir e incluso exigir su satisfacción directamente y con sinceridad, si no quiere morir de inanición emocional. Como en el pasado era incapaz de pedir de manera directa la satisfacción de sus necesidades, vivía con su ira reprimida cuando éstas no eran adivinadas.

El hombre que continúa aferrándose o buscando las pocas «madres tierras» que supuestamente quedan: mujeres dispuestas a desempeñar la función de mujer a la antigua usanza, desinteresadas, pasivas y devotas, se exponen a una catástrofe emocional. Es decir, aunque crea haber encontrado la única «mujer de verdad» que queda en el mundo, probablemente esté haciéndose falsas ilusiones. En primer lugar, es posible que la «madre tierra» no haya existido nunca; posiblemente haya sido más bien una adaptación femenina a su necesidad de verse a sí mismo como su defensor y protector, nacida en parte del miedo y las dudas de ella sobre su capacidad para sobrevivir como un ser independiente. Era una actitud emocionalmente falsa que camuflaba todo el alcance de su fuerza y su independencia.

Por tanto, el hombre que crea haber encontrado a una «madre tierra» sólo conseguirá verse atrapado en una relación regresiva, abortando su propio crecimiento y desarrollando en mucha menor medida su potencial como ser humano. Se sentirá abrumado por la culpa y se mostrará infantil, y exigirá el sustento y la energía de «mamá», a cambio de representar su destructivo papel de macho. Seguirá recibiendo de ella agresividad, sólo que ésta vendrá en las habituales formas indirectas: cansancio, frigidez, depresión, dolores de cabeza, descuidos, etc. El se estará destruyendo a sí mismo en el ínterin, haciendo de héroe-guerrero-macho al tiempo que se aparta de los demás hombres.

Los hombres que ya han sido capaces de superar este reparto de funciones, estas expectativas estereotipadas y también se relacionan con las mujeres como compañeras y cónyuges de igual a igual, como personas de las que pueden aceptar y a las que pueden ofrecer apoyo constructivo sobre una auténtica base de reciprocidad, pueden llegar al punto máximo en la relación hombre-mujer; porque es con ella con quien tiene la posibilidad de experimentar muchas de las formas más profundas de la interacción humana más satisfactoria y gratificante. Sin embargo, si se niega a verla tal y como es: no frágil sino fuerte, no dependiente sino autónoma, no pasiva sino agresiva, no necesitada de protección sino una astuta, luchadora por derecho propio, y no abnegada sino capaz de cuidarse, igual que él, estará sentando las bases para experimentar la angustia y la desesperación más profundas.

La «madre tierra» ha muerto y ahora también puede morir

el macho. El hombre puede revivir como una persona plena. Ya no tiene necesidad de hacer la función del «gran papá» poderoso y con éxito. Ya no tiene por qué tolerar los humillantes dobles raseros y ocultar su masculinidad única. Ya no es responsable de los sentimientos de satisfacción y bienestar de la mujer. Cuando ella es ella, con su feminidad y su personalidad, totales y poderosas, y él es él con su masculinidad y su personalidad plenas, pueden empezar a disfrutar de las realidades y alegrías de una relación auténtica, interdependiente y genuinamente satisfactoria.

COMO RECONOCER LA TRAMPA DE LA «MADRE TIERRA»

1. Se siente alternativamente sentimental con respecto a ella, y después aburrido, asfixiado o absorbido.

2. Se siente culpable de estarle privando de lo que le corresponde al no darle lo bastante de sí mismo.

3. Cree que está trabajando y haciendo las cosas que hace principalmente por ella.

4. Cree que ella es una persona más generosa y desinteresada que usted.

5. Está usted seguro de que ella no tiene fantasías sexuales ni siente deseo por otros hombres.

6. Se siente usted culpable siempre que se divierte y no está con ella.

7. La besa en la frente de manera paternal y no en los labios, de una manera más sensual.

8. Se siente eufórico cuando la ve cocinar para usted o huele la ropa limpia.

9. Cree que tiene que ocultarle sus fantasías sexuales con otras mujeres porque ella se sentiría «profundamente dolida» y «trastornada».

10. Se pone sentimental pensando en lo «buena» mujer que es y en la suerte que tiene de que ella esté detrás de usted.

11. Se alegra de que no sea una de esas «feministas».

12. Le asombra lo compenetrada que está con usted: siempre quiere tener relaciones sexuales cuando usted quiere, le gustan exactamente los mismos lugares para ir de vacaciones y disfruta del mismo tipo de actividades. Parece gustarle todo lo que le gusta a usted.

13. Le gusta la vida tranquila con ella, apartados del resto del mundo, porque con ella como amiga no necesita a ninguna otra persona cerca.

14. La necesita para sentir que es un hombre.

15. Le asombra que ella le quiera, a pesar de sus defectos y el resto de sus terribles cualidades.

III. LA SABIDURIA DEL PENE

> ... aquel que pueda dormir con una mujer y no lo haga, comete un gran pecado. Hijo mío, si una mujer te llama para compartir su lecho y no acudes, ¡tu alma será destruida! Esa mujer suspirará ante Dios el día del juicio, ¡y el suspiro de esa mujer, seas quien seas, y por mucho bien que hayas hecho, te arrojará a los infiernos! [1].
>
> Nikos Kazantzakis
> *(Zorba el griego)*

El placer fundamental y esencial de la sexualidad masculina reside en la experiencia de la excitación total, el momento en el que no existe nada en el mundo a excepción de la mujer que está junto a él, su pene duro como una piedra y que no sufre ningún cambio, desde luego no hasta después de haber penetrado; el deseo llevado hasta tal punto en el que ninguna fantasía podría entrometerse, y al entrar, sentir oleadas de éxtasis y estremecimientos recorriendo todo su ser.

Todos los hombres tienen derecho a vivir esa clase de experiencia sexual. Lo cierto es que es un estado que la mayoría de los hombres ha experimentado en alguna ocasión de sus vidas antes de permitir que su espontaneidad sexual se empantanara con intelectualizaciones sobre «la sexualidad», se perdiera en abstracciones sobre «las relaciones plenas» y «compartir», se alejara de su propia experiencia por una insistencia destructiva en las técnicas y quedara paralizada por las enseñanzas científicas sobre la fisiología de la mujer y de él mismo. Desde mi punto de vista, esa es la esencia de gran parte de la supuesta información sexual: el «progreso» y el problema.

Mientras que la sexualidad de las mujeres ha sido mal comprendida y han sido víctimas de la confusión y la degradación de interpretaciones psicoanalíticas, como la envidia del pene; la anatomía es el destino; y la frigidez, los hombres se han visto afectados grave y negativamente por etiquetas como «homosexualidad latente», «miedo a la intimidad», «fijación materna», «hostilidad reprimida hacia las mujeres», «miedo al fracaso», «compensación por sentimientos de incompetencia sexual», «ansiedad ante la castración» e «impotencia».

No cabe duda de que en todas ellas hay algo de verdad, pero en lugar de facilitar su desarrollo, la *consecuencia* principal de estos conceptos y términos ha sido impulsar al hombre a sentirse más cohibido, culpable y a reaccionar acusándose a sí mismo. La creencia en estas ideas, con frecuencia, le lleva a desconfiar de sus propias reacciones sexuales personales.

El comienzo de una nueva conciencia masculina con respecto a la cuestión sexual exigirá, en primer lugar, además de una conciencia plena de sus sentimientos, una manera diferente de interpretar sus reacciones. Requerirá una clara conciencia de cómo se ha dejado someter a un constante condicionamiento que ha adoptado innumerables y sutiles formas, y cómo ha aceptado toda la carga de la responsabilidad de un acto sexual satisfactorio. Por tanto, no hablaré aquí de técnicas o de fisiología, sino de las cuestiones y actitudes subyacentes a la orientación predominante de la sexualidad masculina. Las técnicas no son más que «la guinda de la tarta», útiles principalmente, si es que lo son, para aquellos que ya disfrutan de una fluidez sexual espontánea y feliz. La preocupación por las técnicas, tan normal hoy en día, indica por lo general una conciencia subyacente de la muerte de la pasión y de la espontaneidad. En lugar de reconocer este hecho, los hombres intentan manipularse a sí mismos para volver a despertar su sexualidad mediante el uso de las técnicas. Las más exóticas entre ellas son inútiles si falta el sentimiento. La insistencia en los hechos fisiológicos puede resultar interesante e intelectualmente esclarecedora, pero no tiene nada que ver con la *experiencia* del sexo en sí misma.

Es fundamental situar en una adecuada perspectiva realista la vieja idea de que la cultura favorece a los hombres, por lo que se refiere al sexo, y someter a un nuevo examen el mito de que son más «libres». Es cierto que los niños gozan de más privilegios a la hora de explorar la sexualidad y que tradicionalmente se les ha concedido una mayor libertad en términos de indulgencia sexual. Sin embargo, las valoraciones culturales de su comportamiento sexual han sido mucho más duras.

LA IMPOTENCIA

Los hombres se han puesto a la defensiva y con frecuencia se torturan con la ansiedad que les produce la supuesta impotencia. Este tema se ha convertido en nuestra cultura en una preocupación casi maníaca. Algunos autores la han calificado como la plaga contemporánea del hombre. Aunque se habla mucho de que es un problema que concierne a los dos miembros de la pareja, a las clínicas de terapia sexual acuden sobre todo hombres. La presencia del papel de la mujer en la impotencia del macho sigue siendo en gran medida el de una colaboradora, una espectadora que, a veces, se muestra dispuesta a ayudar, y otras, una resentida, mientras espera que él resuelva *su* problema.

Los autores del campo de la salud mental a menudo informan a las mujeres de cómo ayudar a sus compañeros impotentes. Uno de estos artículos, que tuvo muy buena acogida recientemente (fue reimpreso para su distribución masiva tras su publicación en una de las revistas más leídas de América), se titulaba «La impotencia: lo que todas las mujeres deberían saber». El autor, un psicólogo y psicoterapeuta en ejercicio, llegaba a la siguiente conclusión:

> Cuanto mayor es mi experiencia en el tratamiento de hombres con problemas de potencia, más me convenzo de que una mujer cariñosa y preocupada es la baza más importante de un hombre a la hora de recuperar o mantener su capacidad sexual. Cuando la confianza de un marido en su masculinidad queda eclipsada por la ansiedad y la preocupación, la fe y la ayuda de su mujer pueden convertir una pesadilla en potencia en un período de desarrollo y comprensión renovados[2].

Es un ejemplo típico de la atribución a la mujer de la función de espectadora benevolente.

Hasta la misma palabra «impotencia» refleja la actitud subyacente. La palabra significa *falta de poder*. Esta sola definición hace que el hombre se ponga de inmediato a la defensiva. La imagen de sí mismo exige que haga cualquier cosa con tal de no parecer carente de poder.

Con frecuencia, se atribuye la responsabilidad de los problemas de potencia masculinos al temor a hacer un mal papel, al temor a ser incapaz de hacerlo y al temor derivado de la competitividad. En «Un estudio clínico de la "ansiedad coital" en los trastornos de potencia masculinos» se enumeraban los siguientes miedos:

1. Miedo al fracaso.
2. Miedo al ridículo.
3. Ansiedad por el tamaño de los genitales.
4. Miedo a ser descubierto[3].

La insistencia en que los «temores» masculinos constituyen el problema fundamental de la impotencia hace recaer toda la responsabilidad directamente sobre sus hombros y equivale a decir: «Si fueras capaz de superar tus temores, serías un compañero sexual adecuado.»

El tratamiento psicoanalítico y psiquiátrico de la impotencia, para el que es necesario remontarse y sondear las experiencias y traumas de la infancia, tiene un fundamento real, pero es algo parecido a tratar un envenenamiento por comida estudiando los hábitos alimenticios de la infancia; pasa por alto el hecho de que la causa real puede estar en el presente y que el cuerpo está reaccionando adecuadamente frente a algo que quiere evitar.

Por consiguiente, traduciré primero los desagradables términos de la impotencia a sus significados no intelectualizados y viscerales. La llamada impotencia primaria, que significa que *nunca* se es capaz de conseguir una erección, se considera extremadamente rara y no la estudiaremos. Por supuesto, la inmensa mayoría de los hombres es capaz de conseguir una erección en determinadas condiciones y con determinadas mujeres. La supuesta impotencia es casi siempre un fenómeno específicamente doble, que puede significar una enérgica afirmación de los sentimientos del hombre sobre la relación con la mujer con la que está en la cama. Aunque parezca una ironía, la mayoría de los hombres prefiere pensar que tiene un problema médico, a decir sencillamente a su compañera: «No quiero hacer el amor contigo.» En otras palabras, reconocer la impotencia y declarar: «Tengo un problema» resulta más fácil que verbalizar el sentimiento: «No me siento excitado por ti.» Por tanto, en lugar de considerarse impotente, yo le aconsejaría que dijera: «No quiero tener relaciones sexuales contigo.» Le haría traducir «eyaculación precoz» por «quiero acabar con esto lo antes posible». Le alentaría a que explorara y comprendiera sus reacciones negativas ante la mujer o la situación en particular, en lugar de asumir la carga e intentar superar después el «síntoma».

Mi experiencia clínica indica que el hombre que se diagnostica a sí mismo la impotencia, frecuentemente está experimentando algo en su relación o respecto a su compañera que está matando su deseo. Sin embargo, el mensaje de este sentimiento sólo está siendo transmitido por la respuesta del cuerpo y no es reconocido a nivel consciente.

Un colega mío está tratando a un hombre con este problema:

> Paciente de cuarenta y un años que se volvió impotente después de perder su trabajo. Previamente había sido informado por un médico bienintencionado y también había leído en varias revistas artículos que afirmaban que su incapacidad de conseguir una erección tenía alguna relación con el hecho de que asociaba su trabajo con su masculinidad y con el de que la reciente pérdida de su empleo suponía una amenaza para su ego. Por tanto, como ya no era capaz de sentirse dominante y «como un hombre», también era incapaz de

funcionar sexualmente. La explicación parecía bastante razonable, pero no le sirvió de nada.

Una entrevista exhaustiva con su mujer reveló que ella se sentía profundamente resentida en secreto por el hecho de que no tuviera trabajo y le culpaba de su falta de previsión; pero nunca se lo dijo, porque se sentía culpable, aunque sí le dijo al terapeuta: «Sabía que tenía que ocurrir y podría haber hecho algo a tiempo, si realmente lo hubiera querido.» El pene del hombre percibía su callada ira y su actitud de rechazo hacia él, y se negaba a «hacer el amor» frente a la furia y la rabia.

Veremos otro ejemplo en el que la sabiduría del pene resultó más perspicaz que el pensamiento consciente.

Un hombre divorciado de poco más de cincuenta años, rico y bien situado profesionalmente, acudió al terapeuta, presa del pánico, porque no podía conseguir una erección con varias de sus jóvenes amigas. Se preguntaba si no se estaría haciendo demasiado viejo. A medida que hablaba de su «problema», empezó a darse cuenta de que las jóvenes con las que estaba relacionándose lo trataban como a un símbolo del éxito y se sentían atraídas por su riqueza en lugar de quererlo como persona. Esto le hacía sentirse solo y utilizado. Sabía que si no gastaba grandes cantidades de dinero en sus «ellas», perderían rápidamente el interés por él. Al negarse a reaccionar, su pene estaba dando la señal de alarma y protegiéndolo para que no se comprometiera demasiado profundamente con una relación interesada y carente de afecto, una relación en la que sólo sería utilizado.

Una manifestación diferente de la sabiduría del pene es la siguiente:

Las reacciones de un joven ingeniero de veintiséis años recién casado que acudió al terapeuta gravemente angustiado porque sufría de eyaculación precoz y su mujer se lo echaba en cara. Su mujer, de veintinueve años, había estudiado dos años de Psicología y lo había convencido de que, en realidad, se sentía furioso con las mujeres por el modo en que lo había tratado su madre. Decía que él la trataba como a una madre y que la estaba castigando al no satisfacerla sexualmente. A él le pareció plausible y acudió a la terapia esperando ser «curado». Sin embargo, varias sesiones privadas con su mujer revelaron el hecho de que se había casado con él fundamentalmente porque estaba a punto de cumplir treinta años y le preocupaba quedarse soltera. Confesó que nunca se había sentido físicamente atraída por él y que había estado fingiendo excitación sexual desde el primer momento. También dijo: «¡Hago todo lo que puedo para hacerle creer que es un verdadero tigre!» Su pene era consciente de la carencia básica de un verdadero compromiso por parte de ella. Su eyaculación precoz podía interpretarse como expresión del deseo de no mantener un contacto prolongado con ella que le hiciera descubrir que no abrigaba auténticos sentimientos de atracción y de amor por él.

Uno de mis socios me habló de un paciente que se había acostado hacía poco con la mujer de un amigo suyo y no había sido capaz de conseguir una erección. Cuando estudió su reacción, se dio cuenta de que, probablemente, ella se estuviera limitando a utilizarlo para apresurar el fin de su fracasado matrimonio. Su cuerpo lo percibió y le mantuvo sabiamente alejado de una relación potencialmente explosiva y peligrosa.

Un hombre de cuarenta y dos años se volvió totalmente impotente con la que era su mujer desde hacía diecisiete años. Sin embargo, se mostraba extremadamente potente en sus ocasionales relaciones con prostitutas. Cuando hablé con él por primera vez estaba en un estado de ansiedad extremada por su incapacidad de funcionar sexualmente. Quería ser «curado» lo más rápidamente posible y hasta me pidió que le hipnotizara con la esperanza de conseguir sugestionarse para recuperar sus erecciones.

Cuando hablamos con más detalle, enseguida se hizo evidente que en su fuero interno hacía muchos años que se sentía furioso con su mujer; de hecho, admitió que durante todos esos años se había servido de imágenes de fantasías sexuales con otras mujeres para excitarse con ella. Ella no le producía ninguna reacción sexual espontánea. Estas imágenes habían dejado de darle resultado últimamente y no podía conseguir una erección con ella de ningún modo.

Reconoció que se sentía asfixiado y absorbido por su mujer, que sentía que ella le guardaba rencor e intentaba bloquear cada una de sus iniciativas. El era incapaz de hacer valer sus derechos con ella. En cambio, había renunciado a sus propias actividades, como, por ejemplo, salir a tomar una copa o jugar al golf con sus amigos, jugar a las cartas una noche a la semana o irse de excursión de pesca una vez al mes. Sólo iba a trabajar y volvía a casa.

Aunque conscientemente racionalizaba las exigencias de su mujer y afirmaba que sus expectativas y demandas acerca de que estuviera en casa con los niños le parecían justificadas, su pene reflejaba sus sentimientos más íntimos. Estaba protestando por la aniquilación de su verdadero yo. Era su «detector de mentiras» y decía que, en realidad, no quería estar cerca ni tener relaciones físicas íntimas con una mujer que sentía que lo estaba destruyendo.

Hay otros ejemplos, algunos tan evidentes que resultan divertidos. Por ejemplo, una mujer claramente hostil que siempre estaba hablando mal de los hombres, me preguntó hace poco si yo podía confirmarle su experiencia de que «prácticamente todos los hombres tienen problemas de impotencia hoy en día». Estaba claro que no tenía conciencia del efecto que producía en sus amantes su hostilidad hacia los hombres. Al parecer, creía que las erecciones surgen automáticamente en cualquier circunstancia. En el fondo estaba suponiendo que los hombres no tienen reacciones emocionales por lo que se refiere al sexo, y que un hombre «normal» tiene automáticamente una erección siempre que haya una mujer desnuda y dispuesta.

Los hombres de hoy en día no son impotentes. Sólo son impotentes con *determinadas* mujeres bajo *determinadas* circunstancias, y sus reacciones de indiferencia están motivadas por verdades de importancia que deben aprender a comprender y en las que deben confiar.

En todos estos ejemplos y en muchos otros el hombre estaba dispuesto a echarse toda la culpa o a buscar significados «profundos» y ocultos en su pasado. Algunas clases de técnicas de condicionamiento contemporáneas consisten en consejos «útiles» y «alentadores» del tipo: «No tienes por qué tener una erección todas y cada una de las veces. Túmbate y simplemente deja que ocurra», han perjudicado enormemente a estos hombres y sólo han conseguido reforzar su desconfianza básica en la sabiduría de las reacciones de su cuerpo.

Hay pocos espectáculos tan tristes como el de un hombre que una vez fuera gozosamente potente y que se ha vuelto «impotente» mostrándose desesperadamente agradecido por la vuelta de sus erecciones, no importa a qué precio. Repentinamente está dispuesto a conseguir la erección sea como sea, simplemente para recobrar su «respeto por sí mismo», aunque para conseguirlo tenga que manipular, torcer y desvirtuar totalmente su sensibilidad. No creo que una erección sea algo bueno sin importar cómo se haya conseguido, simplemente por el hecho de que disminuye momentáneamente la ansiedad del hombre. Creo que esta actitud le priva de la necesidad de reconocer sus verdaderos sentimientos sobre su compañera o de la relación que mantienen. El hombre que consigue tener erecciones engañándose a sí mismo con fantasías sexuales con otras mujeres, excitándose con pornografía o utilizando diversos y variados ingenios mecánicos, está demostrando poco respeto por sí mismo y negando sus verdaderas emociones.

Estoy totalmente convencido de que un hombre sólo debe mantener relaciones sexuales en condiciones de excitación total y espontánea y de total deseo. Cualquier cosa diferente a esta reacción puede ser el principio de un problema de impotencia. El pene no es una pieza de fontanería que funcione caprichosamente; es una expresión de toda la personalidad del hombre. En esta época de intelectualización excesiva quizá sea el único barómetro sensible y revelador de los verdaderos sentimientos sexuales que le queden. Su mente consciente está saturada de mensajes y racionalizaciones culpabilizadoras cuando no es capaz de «conseguirlo». Se acusa a sí mismo, desaprobando su conducta con frases como: «Soy hostil e incapaz de dar», «Soy sexualmente inadecuado», «Tengo miedo a la intimidad», «No soy lo bastante bueno para ella y soy incapaz de satisfacerla», «No soy un hombre» o «A lo mejor la quiero demasiado y sólo puedo conseguirlo cuando soy rechazado». Todas estas autoacusaciones ocultan la realidad inmediata de sus sentimientos y/o los de su pareja. Al ignorar, disfrazar con explicaciones racionales o intentar ocultar su falta de una auténtica respuesta sexual, el hombre está renunciando a una parte importante y vital de sí mismo y manifestando odio hacia sí mismo. Si asume la responsabilidad de sus sentimientos y alienta a su compañera a hacer lo mismo, puede empezar a superar la fantasía de la impotencia como un «problema» exclusivamente masculino.

LA CUESTIÓN DE LA MONOGAMIA

Uno de los problemas más críticos que encuentra el hombre contemporáneo a la hora de expresar sus auténticas respuestas sexuales es el de que, a causa de una imagen negativa de sí mismo que lo presenta como un animal promiscuo y lascivo (que se manifiesta de manera muy gráfica en el dicho «un pene erecto no puede pensar»), ha intentado ajustarse a las reglas de un compromiso sexual monógamo que contradice su condicionamiento original. Este condicionamiento sienta las bases de la culpa y la ansiedad ante el posible fracaso. En nuestra cultura, el joven es condicionado para *desafiar y conquistar* en el terreno sexual. Sus compañeros adolescentes le animan continuamente a «ligarse» a todas las chicas que pueda. Sea esto «sano» o no, se trata en cualquier caso de su patrimonio emocional y social, contra el que lucha, que trata de superar valerosamente y por el que, a menudo, se odia a sí mismo. Por el contrario, tradicionalmente casi todas las mujeres han sido condicionadas para considerar el sexo como parte de una relación de amor total, cuyos objetivos son la permanencia y el matrimonio.

En cierto sentido el sexo en el matrimonio entra en conflicto con el poderoso condicionamiento temprano del hombre. Sin embargo, pronto aprende que su condicionamiento, su estilo y sus necesidades son «superficiales» o «malos» y que los motivos de ella son de algún modo correctos y más puros. Cuando siente la tentación de desviarse o «engañarla», acaba siendo acosado indefectiblemente por mensajes de culpabilidad y de odio hacia sí mismo.

Dicho de otra manera, el hombre y la mujer que entablan una relación permanente y excluyente pueden estar manteniendo relaciones sexuales por motivos opuestos: para él, el sexo ha significado tradicionalmente desafío y conquista y más de una mujer, y esto no puede encontrarlo en el matrimonio; para ella, el sexo significaba pertenencia, intimidad y seguridad. Como los hombres tratan invariablemente de acomodarse a las necesidades de las mujeres en lugar de satisfacer las suyas, ya sean «correctas» o «equivocadas», «buenas» o «malas», llevarán, como decía Thoreau, «...vidas de silenciosa desesperación»[4]. Sólo cuando el matrimonio acaba rompiéndose, si es que lo hace, el hombre es capaz de sentir y admitir plenamente la intensa frustración sexual que ha estado experimentando durante toda la relación matrimonial.

Otro aspecto de las relaciones hombre-mujer a largo plazo que tiende a socavar la satisfacción de una relación sexual monógama es la agresividad oculta. Esto es, la orientación y el condicionamiento románticos a contener y reprimir la afirmación directa y sincera de las necesidades y la libre expresión de la ira acaba inevitablemente en la utilización del sexo como arma. La relación, al estar cargada de sentimientos negativos reprimidos, se hace cada vez más fría y distante. El «buen» amante hombre, por tanto, se vuelve menos apasionado, espontáneo y está menos unido a su mujer o compañera.

El fenómeno de la transferencia materna es otro obstáculo poderoso para la satisfacción sexual en la relación marital. Nuestra cultura se ha convertido en gran medida matriarcal. El padre se ha convertido en un elemento secundario de la estructura familiar en la mayoría de los casos; con frecuencia, trabaja en uno o dos sitios o está pegado a la televisión, o se muestra ensimismado y preocupado y falto de energía cuando está en casa. Si la familia se ha separado después de un divorcio, lo más probable es que la madre tenga la custodia de los hijos; en consecuencia, el niño desarrolla profundas dependencias e identificaciones con la madre. Sus sentimientos hacia ella tienen que ser inevitablemente contradictorios. Aunque ella le quiere y lo alimenta, también le impone unos límites y lo reprime, y aunque es la persona más importante de su vida, los sentimientos sexuales hacia ella son tabú. Cuando el hombre se casa y su mujer empieza a desempeñar muchas de las funciones de la figura materna: alimentarlo, ocuparse de su ropa, de la casa y de los niños, es inevitable que él desarrolle algunas transferencias maternas hacia ella y sin duda esto enfría los aspectos eróticos de la relación.

Aunque muchos hombres pueden encontrar varios aspectos gratificantes en una relación marital, quizá el sexo no sea precisamente uno de ellos; por tanto, se encuentra ante una crisis de su matrimonio. Tendrá que reconocer y aceptar su ritmo y sus deseos sexuales, propios e intransferibles, o pagar el precio de padecer diversos síntomas psicosomáticos y psicológicos, como ser humano liberado que tiene derecho a la satisfacción profunda de sus necesidades, del mismo modo que una mujer tiene derecho a la satisfacción de las suyas.

La poligamia es norma en el doble de culturas que la monogamia [5]. El efecto revitalizador de una nueva compañera sexual es aceptado plenamente. Muchos hombres que se suponen impotentes, pasivos o indiferentes, se descubren extremadamente potentes con una nueva compañera. Las investigaciones indican que las personas casadas tienden a tener relaciones sexuales frecuentes con su pareja sólo al principio de la relación. La frecuencia disminuye enormemente con el paso del tiempo; incluso el estudio de Kinsey indicaba que aproximadamente tres cuartas partes de los hombres casados entrevistados expresaron el deseo de tener aventuras extramatrimoniales, y el 50 por 100 reconoció haberlas tenido alguna vez [6]. (El efecto estimulante de una nueva compañera es el tema de un chiste sobre Calvin Coolidge. Se cuenta que el difunto presidente Coolidge estaba observando con su primera dama las actividades sexuales de algunos animales de granja y ella hizo un comentario sobre la impresionante potencia sexual de los machos. El presidente corroboró la veracidad de su observación haciéndole notar que los machos nunca se limitan a una sola pareja) [7].

La palabra «engañar» en el matrimonio es particularmente desafortunada. Tiene connotaciones sumamente negativas, como la palabra «robar». Un hombre se humilla a sí mismo cuando «engaña», cuando actúa a escondidas, en lugar de tener una amante abiertamente. Todo el proceso de mentir y de ocultar las huellas es degradante. Sólo sirve para confirmar la imagen que tiene de sí mismo, del «mal chico» o la bestia promiscua y lujuriosa. Por consiguiente, el hombre casado que desea a otras mujeres quizá tenga que aprender a emanciparse actuando de acuerdo con sus deseos sexuales más abiertamente, sin culpabilidad y discutiendo sus necesidades y sentimientos honradamente con su mujer. Necesita llegar a considerar su apetito sexual como parte de su temperamento único y reconocer abiertamente quién es él. Esto no tiene por qué ser un ejercicio de machismo, es decir, también es necesario que aprenda a aceptar el ritmo sexual personal de su mujer, sea el que sea. Un estudio reciente llevado a cabo en un barrio de las afueras indicaba que, de presentárseles la oportunidad adecuada, más de dos tercios de los hombres y el 56 por 100 de las mujeres tenían una probabilidad muy alta de mantener relaciones sexuales extramatrimoniales [8].

Un psicoanalista que ha publicado recientemente un libro sobre la supervivencia del hombre decía de ellos: «Cuando llega a los cuarenta, la frecuencia media de sus relaciones sexuales ha reducido a 1,5 la relación coital a la semana. Se pasa más tiempo afeitándose que copulando» [9]. No cabe duda de que el hombre se está estafando a sí mismo al privarse de un gozo vital y tiene derecho a recuperar la parte que le corresponde de los placeres fundamentales del sexo.

El hombre de nuestra cultura vive bajo un fuerte estrés que es difícil o imposible soslayar o controlar, pero sí puede hacerlo con su vida sexual. Aunque no cabe duda de que la cuestión de la monogamia es compleja y tiene una fuerte carga emocional, el hombre no tiene que adaptarse a un modelo de conducta sexual opuesto a sus propias necesidades. Para demasiados hombres casados el sexo en el matrimonio se convierte en otro trabajo más, una obligación o una responsabilidad que se siente obligado a cumplir. Y para añadir el insulto a la injuria, lo considera, además, como una prueba de su capacidad sexual. No tiene por qué ser así si está dispuesto a arriesgarse a reconocer su identidad. El liberarse sexualmente supondrá la recuperación de su derecho a funcionar sexualmente de un modo satisfactorio y auténtico.

EL SEXO DE FUSIÓN

Recientemente he estado estudiando la posibilidad de que existan diferentes tipos de intensidad en los orgasmos y las experiencias sexuales masculinas. Planteé la cuestión en una sesión maratoniana de psicoterapia hace dos años y descubrí que no todos, pero sí cierto número de hombres, habían experimentado lo que yo denomino «sexo de fusión».

La experiencia del sexo de fusión es el de una unión sexual intensa y absolutamente desinhibida durante la que el hombre no está concentrado ni es consciente de estar manteniendo una relación sexual *per se*, sino que es sencillamente una parte de una unión o fusión con la mujer totalmente espontánea y extática que, a menudo, le arranca lágrimas de alegría.

En el sexo de fusión se produce el fenómeno de una potencia aparentemente inagotable que dura, en ocasiones, varios días o todo un fin de semana, tiempo en que se permanece en la cama haciendo el amor continuamente. Los hombres que me han relatado su experiencia del sexo de fusión describen el fenómeno de eyacular y tener casi inmediatamente una nueva erección. Pueden tener hasta doce o quince orgasmos durante una experiencia de sexo de fusión de un fin de semana. Verdaderamente, la copa se llena a rebosar.

Los componentes más comunes del sexo de fusión descritos por los hombres que lo han experimentado son:

1. El hombre, o bien ha acabado recientemente una relación sexual frustrante que se ha prolongado muchos años, o ha estado buscando una realmente satisfactoria sin éxito durante mucho tiempo. En una palabra, está maduro.
2. La relación de sexo de fusión no está basada en el potencial futuro. Ninguna de las dos partes tiene proyectos a largo plazo con respecto a la otra. La mujer puede estar casada y tener intención de volver con su marido, vivir en otra parte del país o del mundo y tener planes de regresar en breve plazo. En otras palabras, existen serios obstáculos para la permanencia, el futuro es altamente incierto y, por tanto, la relación es totalmente *presente*.

3. El hombre es capaz de experimentar y expresar los sentimientos largamente reprimidos que ahora le abruman y que nunca, o muy rara vez, salen a la luz; durante el sexo de fusión es capaz de llorar de pena, experimentar su soledad, aferrarse a la mujer, ser pasivo, disfrutar por sentirse hermoso y de ser totalmente sincero en cuanto a sus fantasías, sus sentimientos, su pasado y sus aspiraciones para el futuro. En pocas palabras, es temporalmente íntegro, se reúne con partes perdidas de su personalidad.

4. El hombre percibe un verdadero desafío. Ha encontrado a su «dama mágica» que no está libre ni fácilmente disponible y se muestra totalmente expresivo en su persecución y su deseo por ella.

El aspecto más importante de esta relación-experiencia, al parecer, exquisita, es que se produce totalmente en el presente. No hay ataduras ni planes para el futuro. Se siente lo suficiente a salvo y aceptado. Puede volverse indefenso desde el punto de vista emocional y dejar salir un torrente de sentimientos bloqueados y normalmente controlados. En la mayoría de los casos de los que tengo noticia, estas relaciones no se hicieron permanentes. No tuvieron que enfrentarse nunca a la prueba a largo plazo de la «realidad».

También he oído hablar de unos pocos casos de sexo de fusión que se han producido en una relación de muchos años con una mujer. Generalmente parece ocurrir cuando él ha atravesado una crisis de madurez personal que le ha permitido alcanzar nuevos niveles de conciencia. En estos períodos es capaz de experimentar nuevos niveles de confianza que le conducen a una mayor expresión de su ser, lo que le permite entregarse acto seguido de forma más plena al momento sexual y, por tanto, a experimentar el éxtasis del sexo de fusión.

La experiencia del sexo de fusión merece ciertamente mayor investigación. Puede haber sido experimentado por hombres en condiciones muy diferentes de las resumidas aquí, y no quiero presuponer que éstas sean las únicas. Sin embargo, por las descripciones de esta experiencia que he oído, creo que la mayoría de los hombres no ha experimentado todo el potencial de éxtasis de su sexualidad. Aunque no estoy proponiendo que él haga del sexo de fusión un modelo constante para sus expectativas, las descripciones de este caso ciertamente tienen implicaciones importantes por lo que al potencial sexual inexplorado del hombre se refiere.

El sexo simbólico o el hombre como objeto sexual

Una de las acusaciones fundamentales que con más frecuencia reciben los hombres es la de que tratan a las mujeres como objetos sexuales anónimos. Sin embargo, los hombres son las víctimas de una forma diferente e igualmente virulenta de esta forma de relación que yo denomino «sexo simbólico». Mientras que un hombre puede tener tendencia a reaccionar ante una mujer basándose en su apariencia física, la atracción de una mujer por un hombre está condicionada con frecuencia por su posición, su renta y su poder. Una conocida actriz, famosa por casarse con millonarios y por salir con figuras políticas de importancia y artistas famosos, lo expresó con palabras sinceras y atinadas: «Los hombres que me gustan tienen dos cosas en común: son elegantes y tienen poder.» [10] Los hombres que reaccionan sintiéndose culpables ante la acusación de que están tratando a una mujer como a un objeto sexual parecen dar por descontada la actitud de ésta, sin ninguna conciencia de sus implicaciones. Esto confirma el concepto destructivo que tienen de sí mismos según el cual, si tienen poco dinero o un trabajo poco prestigioso, no se merecen a las mujeres «con clase».

> Un deprimido joven de veinticuatro años vino a verme para someterse a terapia. Se consideraba un profesional fracasado y no deseable para las mujeres, que siempre rechazaban sus intentos de aproximación, aunque era atractivo físicamente.
>
> Le aconsejé que participara en un encuentro maratoniano de un grupo de crecimiento y así lo hizo. En el grupo tampoco llamó demasiado la atención de las mujeres. Pero posteriormente quedó fascinado con estas experiencias de grupo y se apuntó a un curso de formación para hacerse asistente paraprofesional en terapias de grupo. Ya en la

primera sesión de grupo en la que el director anunció que este joven era un ayudante que estudiaba para ser director, la reacción femenina cambió repentinamente. Antes de que acabara la experiencia de grupo de veinticuatro horas, dos de las mujeres presentes más atractivas habían dado claras muestras de su interés sexual hacia él. Bañado en el aura del poder, había sufrido una repentina transformación sexual.

El fenómeno de las *fans* en el mundo del *rock and roll* es una forma extrema del sexo simbólico. Las fans son mujeres (desde jóvenes adolescentes hasta mujeres bastante mayores) que se ponen a disposición sexual de los cantantes de *rock* famosos y, en ocasiones, hasta de grupos enteros. De hecho, a veces todo lo que hace falta para acostarse con una *fan* es ser un amigo o empleado de la estrella con posibilidades de facilitarle el contacto con ella. Un escritor de California evocaba una experiencia de este tipo cuando acompañó en una gira a los Rolling Stones. Una chica entró en su habitación y le preguntó si era amigo de los Stones; cuando respondió que sí, se quitó la ropa y se tumbó en su cama [11].

Aunque el fenómeno de las *fans* no sea más que un caso extremo, como el del hombre que sólo puede amar a las chicas que tienen pechos grandes, refleja, sin embargo, un hecho muy real y peligroso para el varón. Por ejemplo, que un hombre maduro que va detrás de una mujer más joven sea un «viejo verde» o «fantástico e interesante», muchas veces no depende más que de su dinero y posición. Una de las primeras preguntas que las mujeres solteras se hacen al hablar de los hombres con los que salen es «¿A qué se dedica?» Un médico es considerado un buen partido; un hombre con estudios secundarios y un oficio manual no lo es, aunque tenga mucho más que ofrecer emocional y sexualmente que aquél.

Así, el hombre se encuentra ante un dilema irresoluble. Si sigue persiguiendo el éxito con todas sus energías, tiene menos capacidad de compromiso en su relación amorosa. Si no persigue el éxito con todas sus energías, se vuelve menos deseable.

Masters y Johnson, hablando de las mujeres que contrataban para trabajar en el tratamiento de los varones con disfunciones sexuales, decían: «Pueden considerarlo una coincidencia si quieren, pero no hemos tenido ningún caso de una suplente que se haya enamorado de un hombre que no tuviera dinero.»[12]

La prostitución como humillación para el hombre

Las feministas han proclamado su convicción de que la prostitución es un ejemplo de machismo que resulta en la degradación de la mujer, que sufre simultáneamente la explotación de sus clientes, de su chulo y de la policía.

Aunque hay un fondo de verdad en este razonamiento, no obstante, difícilmente puede haber una experiencia más humillante, autodestructiva e insatisfactoria para un hombre que una visita a una prostituta, una experiencia que corrobora totalmente la imagen aborrecible que tiene de sí mismo como animal despreciable.

Por supuesto, no todas las prostitutas son iguales. Algunas son más sensibles, dispuestas a ayudar y receptivas emocionalmente que otras. Pero aun en las mejores condiciones posibles, el hombre tiende a considerar esta experiencia como una confirmación de sus peores pensamientos conscientes sobre su valía personal.

Un amigo mío me describió su primera experiencia sexual, que fue con una prostituta. Tenía quince años y vivía en una época en la que todavía no era común tener relaciones con una novia. La prostituta a la que acudió no era de primera categoría, pero tampoco era una buscona. Se concertó una cita por teléfono y el cliente llamó al timbre del apartamento tres veces como contraseña para que le dejaran entrar:

> Entré en su apartamento de la West End Avenue de Nueva York. Había otro tipo de más edad sentado en la cocina y otro esperando en el vestíbulo. Ella estaba en el dormitorio follando, pero vino a abrir la puerta. Me dijo que esperara en la cocina con el tipo mayor. Nos sentamos allí esperando nuestro turno e intentando no mirarnos; era evidente que los dos nos sentíamos avergonzados de estar allí.

Veinte minutos más tarde me hizo pasar. Me pidió que le diera los diez dólares primero. Cuando me desvestí, me lavó como a un bebé con agua y jabón, y luego me puso un condón, y, lo creas o no, empezó a chupármela con eso puesto. Yo no sentía nada. Pasados unos dos minutos como mucho, me preguntó si ya estaba «preparado», porque no podía pasarse todo el día conmigo. Antes de que me diera tiempo a responder, se puso de espaldas, abrió las piernas y se untó saliva en la vagina para lubricarse. En cuanto la penetré, empezó a hacer *ooh* y *aah*, intentando convencerme, supongo, de que realmente la estaba excitando. Mientras tanto, no me dejó besarla siquiera y no me permitió que le metiera los dedos. Dijo que estaba demasiado dolorida. En medio de sus *oohs* y *aahs* sonó el teléfono. Lo contestó mientras yo seguía dentro de ella y con toda tranquilidad concertó otra cita para ese día; hasta le dio al tipo instrucciones sobre cuántas veces tenía que tocar el timbre.

Cuando terminó su llamada telefónica, me preguntó con impaciencia si ya estaba «a punto». Cuando le dije que no, se puso furiosa. Me dijo que más me valía darme prisa. Sólo habían pasados nueve minutos y una llamada telefónica desde el momento en que entré en la habitación. Por último, me hizo correrme quitándome el condón y haciéndome una paja. Luego me echó a toda prisa de la habitación y me obligó a vestirme en la entrada.

Escuchemos a Laurie, una prostituta de veintitrés años, que expresa la actitud despectiva de la que serán víctimas muchos hombres en el transcurso de una visita a una prostituta. Sus técnicas han sido descritas por un autor que la entrevistó:

Insiste en que se le permita lavar al hombre con el que va a acostarse: «Conmigo no vale toda esa historia de "Vete al baño... y lávate", porque no lo hacen. Se echan un poco de agua y dicen que están limpios», dice con desprecio, «pero no es verdad». Con Laurie hay que utilizar el agua caliente y el jabón y ella sostiene que es verdaderamente necesario...

Tras sus servicios higiénicos, adopta mágicamente el papel de «la amante perdida» del hombre. Es parte del oficio: «Tienes que actuar como si estuvieras enamorada de ellos y decirles lo bien que lo hacen... No tengo ninguna sensación ni sentimiento, ningún nada... Aunque la mayoría me ponen enferma», dice [13].

Su manera de ver a sus clientes es verdaderamente humillante para el hombre.

No es sorprendente que una buena proporción de los clientes de las prostitutas no sean solteros sin mujer, sino hombres casados. Los hombres casados que frecuentan a las prostitutas son con demasiada frecuencia hombres que están intentando vivir de acuerdo con las exigencias de una «relación satisfactoria» y que se han vuelto extremadamente tímidos a causa de su sensibilidad inhibida, su «gentileza» y su actitud reprimida hacia sus mujeres. Tienen una gran necesidad de un momento de abandono sexual agresivamente libre, espontáneo y libremente elegido. Salen a la calle a comprarlo, pero el precio que pagan es el de dañar aún más su ya maltrecha imagen de sí mismos como hombres.

Las soluciones a este problema son, desde luego, bastante complejas y difíciles de dilucidar. Muchos hombres han sido tan negativamente condicionados y están tan inhibidos que ya no parecen capaces de mostrarse con espontaneidad sexual en una relación íntima. Esto se remonta a los recuerdos de haber sido calificados de «lascivos» en su primera adolescencia, o de sentirse como animales por haber deseado de manera agresiva a una «buena» chica. Sin duda, los cambios en la psique masculina exigirán una revolución de la valoración de sus patrones de conducta y sus deseos sexuales.

LA HOMOSEXUALIDAD MASCULINA

A la mayoría de los hombres «normales» le aterra la experiencia de la homosexualidad, por muy liberados que estén intelectualmente. Los informes sobre las experiencias de sexo en grupo heterosexual señalan invariablemente que los hombres evitan cuidadosamente el contacto sexual entre ellos, y prefieren observar a las mujeres manteniendo relaciones homosexuales. El sexo en trío significa siempre dos mujeres y un hombre. Cuando el grupo está formado por dos hombres y una mujer, por lo general, los dos primeros juegan con la mujer y después tienen relaciones sexuales con ella por turno, evitando en todo momento el contacto entre ellos.

He observado, al igual que muchos de mis colegas, que las mujeres parecen sentirse mucho menos amenazadas por el contacto homosexual. De hecho, la bisexualidad en las mujeres se ha convertido en algo «de moda» en algunos de los círculos más sofisticados. Hace poco un artículo hablaba de la emergencia de este fenómeno y en él se sugería que en algunos círculos es incluso socialmente desaconsejable que una mujer tenga miedo a tener relaciones sexuales con otra mujer [14].

Sin embargo, los hombres siguen paralizados en cuanto a sus reacciones homosexuales. Es comprensible. La actitud de esta cultura es mucho más hostil y punitiva hacia los homosexuales masculinos. Un estudio reciente señalaba que los homosexuales varones sufrían en mucha mayor proporción el acoso de la ley y representaban más del 90 por 100 de los arrestos por homosexualidad. Quizá el homosexual varón sea más conspicuo que la mujer homosexual. Sin embargo, otro factor crítico es que nuestra cultura sigue aferrada a concepciones muy negativas y distorsionadas sobre ellos. Un varón homosexual de veintitrés años, técnico de ordenadores, me lo explicaba así: «Hay muchos hombres que se ponen tensos cuando están conmigo. Piensan: "Oh, Dios mío, está enfermo. Necesita un médico" o "Que lo encierren en alguna parte", o "Está al acecho entre los arbustos para molestar a los niños pequeños".»

Cualquier hombre educado en un hogar tradicional desarrolla una temprana y profunda identificación con su madre y, por tanto, lleva en su interior una fuerte impronta femenina. Lo contrario no es cierto en el caso de la mujer, cuyo cariño hacia su padre y, por tanto, su identificación con él no es generalmente tan profunda como la del hombre con su madre. Así, podría parecer que éstos tienen muchas más posibilidades de manifestar signos de homosexualidad que las mujeres.

En realidad, todo el fenómeno del machismo puede interpretarse como una violenta reacción masculina contra el componente femenino que alberga en su interior debido al intenso temor que le produce.

Este dilema aparece claramente expuesto en *La mística gay (Gay Mystique)*, de Peter Fisher:

> El papel masculino es defensivo. Los hombres han de ser fortalezas excavadas a salvo de los ataques o de la pérdida de posición que les amenazan en el exterior, a salvo de las emociones inadecuadas y de las incertidumbres interiores. A los hombres no se les anima a conocer a otros hombres. Pensamos que las mujeres son intuitivas, posiblemente porque se les permite mantenerse en contacto con sus sentimientos más profundos en mucha mayor medida que al hombre [15].

Aunque no estoy abogando porque los hombres practiquen despreocupadamente la homosexualidad, al ser muy consciente de la fuerte carga de ansiedad y represión que bloquea estos impulsos, es de vital importancia para la supervivencia del hombre que todos integren en su conciencia los poderosos elementos femeninos existentes en su interior. Las formidables defensas masculinas contra los impulsos homosexuales agotan sus recursos vitales y crean un miedo a la pasividad que puede conducirle a una interminable y agotadora actividad rutinaria destinada a defenderse de estos impulsos. No cabe duda de que este factor influye en la menor esperanza de vida del hombre. Se resiste más a dormir, a quedarse en la cama cuando no se encuentra bien, a permitir que otra persona le cuide o simplemente a no hacer nada.

El componente femenino exige también su integración en la psique masculina, porque el pánico inconsciente a la homosexualidad puede producir síntomas emocionales más serios que, en algunas ocasiones, llegan incluso al suicidio. Los verdaderos impulsos y temores homosexuales subyacentes en el hombre pocas veces se manifiestan en su conciencia. La reacción típica es más bien la del hombre que al ser abandonado por su compañera o al volverse impotente se siente repentinamente abrumado por una angustia y una desesperación intensas. Una de las consecuencias principales de esto puede ser la temida manifestación exterior de los impulsos homosexuales inconscientes. Para aliviar su angustia, el hombre empieza a beber en exceso o cae en actitudes de macho temerarias y autodestructivas, como conducir a gran velocidad o intentar ligar con mujeres de manera desesperada.

El hombre será capaz de liberarse sexualmente, sólo a través de la integración de su parte femenina y pasiva, dándose la oportunidad de experimentar la totalidad de sus sentimientos y liberándose de las preocupaciones sobre su actuación sexual y sobre su papel dominante. El hombre machista es un compañero heterosexual incompleto y aburrido porque se aferra con demasiada fuerza a sus estereotipadas reacciones.

GUIA PARA LA LIBERACION SEXUAL DEL HOMBRE

1. No participe en una relación sexual si no se siente verdaderamente excitado. No finja nunca interés ni actúe sin entusiasmo por ser «amable». Ese podría ser el comienzo de la supuesta impotencia y el fin de una sexualidad gozosa, llena de deseo y plena.

2. Aprenda a decir «no» si no siente deseo. Usted no es una máquina sexual y el sexo no es un indicador de su adecuación como hombre. Por tanto, no se disculpe ni mienta ni invente excusas en lugar de decir: «No, no me apetece.»

3. Olvide todos los viejos imperativos relativos a las obligaciones del hombre para satisfacer a las mujeres. No se deje obsesionar por sus orgasmos ni intente adivinar sus deseos. Concéntrese en sus propias reacciones y en su placer.

4. Respete, aprecie, escuche y aprenda de las reacciones de su cuerpo. Si no consigue una erección, no caiga presa de la ansiedad. Pregúntese qué está intentando decirle su cuerpo que no se esté usted diciendo conscientemente. Sobre todo, respete la sabiduría de su pene. Su objetivo no es ser potente, sino más bien ser fiel a sus reacciones y aprender cuáles son sus verdaderos sentimientos, asumiendo toda la responsabilidad por ellos.

5. No se preocupe de las técnicas. Si lo hace, pregúntese si no estará experimentando realmente una falta de pasión o su ausencia total. La mejor «técnica» es un cuerpo completamente excitado. No confunda las técnicas con la esencia de la experiencia sexual.

6. Póngase en contacto con su lado femenino. Permítase el ser sexualmente pasivo, además de activo. Permita que ella le haga el amor y que lleve parte de la iniciativa. Relájese y disfrute de ello.

7. Por último, recuerde que potencialmente se trata de dos personas libres, responsables y capaces de expresar sus deseos que se encuentran en la cama. No la degrade a ella o a sí mismo tratándola como a una frágil florecilla. Exprese sus necesidades, comparta sus sentimientos y confíe en que ella actuará del mismo modo.

IV. LOS SENTIMIENTOS: EL VERDADERO TERROR MASCULINO

> A medida que trabajaban en sesiones de entrevistas a lo largo de los meses... Buzz (Aldrin) revivió muchos aspectos dolorosos de su vida: su educación orientada al éxito cuando era cadete en West Point, la limitación de perspectivas de los mandos de las Fuerzas Aéreas, la hipocresía de la publicidad sobre los astronautas de la NASA, las ilusiones de heroísmo, las fisuras en su vida familiar y, por último, su crisis emocional [1].

La imagen del héroe masculino de nuestra cultura se refleja en los hombres que constituyen las figuras con las que nos identificamos en nuestras fantasías. La mayoría tiene una serie de cualidades específicas en común: mutismo emocional o «frialdad», un estilo sumamente independiente, reserva o falta de transparencia o de vulnerabilidad emocional aparente, y, en términos generales, su expresividad hacia el exterior se mueve entre unos márgenes muy estrechos.

En el transcurso de una investigación se le pidió a un grupo de ochenta universitarios que dijeran cuáles eran sus héroes preferidos. Según el informe, en todos los casos prefirieron las historias de hombres que eran solitarios, fuertes, independientes y que luchaban activamente por superar algún obstáculo. Los héroes rara vez dan señales de desear entablar relaciones más íntimas con otras personas, aunque a veces les conceden una especie de atención impersonal que demuestra aún más claramente su autosuficiencia [2].

Hoy en día, a pesar de las frecuentes declaraciones en el sentido opuesto y una insistencia en los sentimientos que procede del mundo de los grupos de encuentro y de crecimiento, sigue resultando extremadamente violento e incómodo que un hombre exprese sus emociones abierta y espontáneamente, se eche a llorar, se enfurezca expresando su ira y su odio de manera sincera, tiemble o se estremezca de miedo o incluso se ría con demasiada exuberancia. En algunas ocasiones en que un líder político varón ha exteriorizado una emoción espontánea, su reputación se ha visto perjudicada y ha perdido puntos, como cuando el senador Muskie perdió los estribos públicamente durante la campaña de 1972, cuando se supo que el candidato a la vicepresidencia Tom Eagleton había sufrido depresiones, cuando el presidente Johnson le tiró a su perro de las orejas o mostró al mundo la cicatriz de su operación, o cuando Kissinger perdió la calma en una conferencia de prensa.

La supuesta incitación social a que los hombres expresen sus sentimientos más libremente sigue siendo en gran medida algo abstracto. Incluso cuando los hombres se reúnen en sus propios «grupos de liberación» con frecuencia se dejan arrastrar con bastante rapidez por las intelectualizaciones y los lugares comunes, y las interacciones pocas veces son espontáneas y genuinas a nivel de sentimientos.

La obsesión contemporánea con los sentimientos y la insistencia en su expresión refleja lo reprimido, difícil de encontrar e infrecuente que es un sentimiento genuino. Los sentimientos verdaderos son en apariencia tan difíciles de conseguir que nuestra cultura está manteniendo generosamente a todo un grupo nuevo de profesionales que nos ayudan a conseguirlos. Son personas que se ganan la vida concediendo su permiso y proporcionando un marco adecuado para la expresión y la exploración de los sentimientos.

Desgraciadamente, sin embargo, la investigación apunta a que los resultados del trabajo de estos grupos tienen con demasiada frecuencia un impacto mínimo en el mundo exterior. Con toda evidencia, el hombre sigue inmerso en un clima cultural que muestra poca tolerancia genuina hacia su expresividad emocional. Imagínense si quieren las posibles reacciones ante un hombre que se pone a llorar en el trabajo sobre la mesa de su despacho por el fracaso de una transacción financiera, o la reacción ante un hombre que acaricia a sus compañeros de trabajo, que expresa su furia hacia un directivo, que manifiesta abiertamente su voluntad de ser pasivo y dejar que otros asuman la responsabilidad o que confiesa y admite sus sentimientos de temor ante una responsabilidad que represente un desafío en su trabajo. Incluso en su vida personal, entre amigos o con su mujer, la tolerancia ante su «dejarse ir» y la expresión libre de sus sentimientos es muy limitada y ha de venir precedida por una justificación, por ejemplo: «Creo que tengo derecho a enfadarme», seguida de una disculpa.

El hombre autónomo, fuerte e independiente que consigue sus objetivos y con el que siempre se puede contar para que tome el mando de la situación, sigue siendo en esencia la imagen masculina más favorecida. El éxito en el mundo laboral está basado en la represión de la personalidad y en la exteriorización de unas respuestas controladas, deliberadas, calculadas y manipuladoras. Convertirse en un líder exige que se esté totalmente concentrado en el objetivo que se desea conseguir, sin dejarse distraer por los factores personales y siendo capaz de ignorar los «ruidos» externos, humanos o de otro tipo, que no tengan relación con el objetivo final y que puedan obstaculizar el avance. El hombre que «siente» se hace ineficaz e incompetente porque se compromete emocionalmente y esto retarda su ritmo y le distrae de forma inevitable. Su competidor más deshumanizado le adelantará entonces sin lugar a dudas.

La conducta de muchos hombres en la actualidad es, en cierto modo, análoga a las pautas de comportamiento de los niños autistas. Las reacciones del niño autista son una forma extremada de oposición al contacto humano, acompañada de una fascinación extrema y fijación en los objetos inanimados. Tocar a otra persona, expresar sentimientos y relacionarse con los demás son experiencias traumáticas que se evitan a toda costa. El hombre contemporáneo está encerrado en el mundo de su automóvil, que puede conseguir más atenciones y compromiso sincero que cualquier ser humano de su vida, o se queda mirando la televisión, con el transistor al oído; el tocadiscos a todo volumen por los auriculares; un periódico o una revista ocultándole la cara; estimulado por el alcohol, los cigarrillos y las pastillas; excitado por la pornografía; comiendo alimentos congelados o precocinados; golpeando pelotas de golf en el campo y gestionando su vida en arrebatos telefónicos de dos minutos. Puede mantenerse verdadera y cómodamente estimulado con un contacto humano mínimo durante días o semanas. De hecho, el contacto puede ser percibido incluso como una intromisión irritante; las intromisiones en su contemplación de la televisión o en los cuidados que dedica a su coche despertarán indefectiblemente su ira. Puede que incluso tenga relaciones sexuales, después de las primeras semanas de una relación, tumbado boca abajo frente a la televisión, cronometrando su orgasmo para que se produzca mientras pasan los anuncios para no robar tiempo a su concentración en el programa.

Uno de los héroes clave en nuestra cultura es el científico de laboratorio, un hombre capaz de «aislarse» del mundo y pasarse literalmente día tras día trabajando en su laboratorio con la sola compañía de su ordenador, su reactor, su microscopio o sus productos químicos. El hombre con sentimientos y necesidades interpersonales crecientes encontraría insoportable ese trabajo.

El hombre ha sido anestesiado y robotizado porque ha sufrido una fuerte socialización que ha reprimido y negado casi toda la gama de sus emociones y sus necesidades humanas para que pueda actuar de acuerdo con el patrón «masculino» que se considera aceptable. Los sentimientos se convierten en incógnitas impredecibles, cuya expresión le resulta amenazadora y le hace sentirse vulnerable. Cuando alcanza la edad madura, sin duda alguna, se encontrará inmerso en un ambiente familiar que posee fuertes intereses en su continuada falta de sentimientos y refuerza sutilmente su funcionamiento como una máquina bien engrasada. Si dejara fluir sus sentimientos profundos, sobre todo de manera continuada, en forma de poderosas necesidades emocionales, miedos y conflictos, se le exhortaría a que buscara ayuda profesional para remendarlo y ayudarle a recuperar el control.

Algunas de las mujeres a las que oigo quejarse y desear que sus hombres expresen más sus sentimientos me recuerdan a las mujeres de los alcohólicos que insisten en cuánto les gustaría que sus maridos dejaran de beber, o a las mujeres de hombres de éxito que dicen que les gustaría que sus maridos, arrastrados por el éxito, redujeran un poco el ritmo, trabajaran menos y se relacionaran más. Si sus deseos se hacen realidad, muchas veces ellas obstaculizan inconscientemente ese cambio de alguna manera pasiva o indirecta, y empujan a sus maridos a volver a sus viejos hábitos.

> Uno de estos hombres arrastrados por el éxito decidió trabajar menos y quedarse más en casa. Después de algunos días de euforia por este tiempo de ocio recién descubierto, se volvió a ver arrastrado a trabajar sin parar ante la ausencia de verdaderos intereses, su poca paciencia con los niños, las compulsivas rutinas caseras de su mujer, el aburrimiento de su matrimonio, que no reconocía plenamente cuando estaba trabajando, y la ausencia total de sensualidad con su mujer, que hasta entonces siempre había podido achacar cómodamente al cansancio por el exceso de trabajo. A pesar de sus argumentos en contra, su mujer estaba más contenta que él de que volviera a trabajar. Sin él dedicado a su conquista y trayendo el botín a casa, la relación carecía realmente de sentido.

¿Qué emociones, impulsos y necesidades están bloqueando al hombre?

Desde mi punto de vista, la respuesta parece ser *más o menos todos ellos.* Casi desde su primera infancia se le enseña a controlar la expresión de los sentimientos y necesidades que se oponen al estilo masculino de conducta dirigida hacia un objetivo, orientada hacia una tarea y agresiva. Esto es, en el campo emocional, su experiencia de socialización ha consistido en un continuo imperativo negativo.

Sistemáticamente, de maneras directas o sutiles, los sentimientos y los impulsos han sido suprimidos de manera continua.

La dependencia

Un niño que se aferra a sus padres los pone en una situación violenta. Desde su primera infancia se le alienta de mil modos para que corte los lazos. Sin embargo, la niña pequeña que se esconde vergonzosa y se agarra a su madre o a su padre es considerada mona o adorable.

La dependencia en el hombre es sinónimo de debilidad, hasta tal punto que, con frecuencia, se reprime hasta cuando está ante algo previsible. Pocas cosas hacen sentirse más orgulloso a un padre como ver a su hijo de cinco o seis años actuando como un «hombrecito».

Las necesidades de dependencia del niño varón están igualmente prohibidas cuando se orientan hacia la madre o el padre. Si su madre las tolera o las alienta, deberá hacer frente a la acusación de que le está castrando. El padre, siempre atento a las luchas competitivas de la vida diaria, reacciona exageradamente y considera peligrosa la dependencia de su hijo. Su filosofía de supervivencia de «no cuentes nunca con nadie más que contigo» hace que manifestar dependencia equivalga a ser un «perdedor» y una «víctima». «¡Ese es mi chico!» es algo que nunca se exclama ante una actitud dependiente, sino como respuesta a las señales de autosuficiencia y enérgica independencia.

Desde la primera infancia el niño aprende que la masculinidad equivale a no depender de nadie. Sus necesidades son contenidas e ignoradas. Reacciona con violencia ante aquellos que se apoyan en los demás y los califica de «parásitos». Cuando es él mismo el que se ve obligado a adoptar una posición en la que tiene que depender de otra persona se muestra ansioso y receloso, seguro de que será defraudado. La dependencia, según el típico modo de pensar masculino, equivale a desastre.

La pasividad

Tumbarse y no hacer nada le resulta extremadamente amenazador al hombre que ha aprendido a equiparar la masculinidad con la actividad, la lucha, la competición y la

Si finalmente acude a un psicoterapeuta, intenta transformarlo en una experiencia laboral más que una experiencia de relación. Quiere ser enseñado con la mayor eficacia y rapidez posibles «Cómo...», y de este modo dar por terminado el proceso lo más eficazmente posible.

Su resistencia a pedir ayuda tiende a destrozar las relaciones con sus íntimos, su mujer, sus amigos y sus niños. El cree que si le quieren, sabrán lo que necesita. «Adivinarán» mágicamente sin que él tenga que pedir ayuda. Alimenta un silencioso rencor cuando no es así. Rumia sus problemas en silencio y se cierra aún más ante ellos. «A nadie le importa. Sólo quieren utilizarme», se dice a sí mismo. Esto le endurece aún más, y le hace sentirse más seguro de que su sensación de que nadie le ayudará es correcta.

EL MIEDO

Palabras como «gallina», «cobardica», «sin agallas», «sin huevos» y «nenaza» resuenan en los oídos del hombre durante toda su vida y frecuentemente le impulsan a adoptar actitudes temerarias, autodestructivas e incluso insanas, a correr riesgos para probarse a sí mismo y a los demás, una y otra vez, que es un hombre y que no tiene miedo.

Cuando era niño escuchaba alabanzas por sus «agallas» si se peleaba con un niño mucho más grande que él. Nada podía producirle mayor orgullo que oír que dijeran de él: «Nada le asusta» o «No le tiene miedo a nada». El mayor elogio que podía hacérsele era el de «valiente».

La presión interna para negar el miedo, el miedo a reconocer el miedo, conduce a muchos tipos de actividades autodestructivas. Una mirada desafiante o una palabra a destiempo justifican una pelea con un desconocido. Muchas de las cosas que hacen los hombres sin necesidad, tales como emprender una peligrosa escalada, conducir una moto a toda velocidad o aceptar un trabajo pesado, pueden formar parte de su lucha contra la sensación de temor. Pero no se atreve a ceder ante sus temores, porque, de hacerlo, no sería capaz de vivir con sus sentimientos de culpabilidad. Por tanto, sus victorias son con frecuencia pírricas, porque han sido motivadas por el impulso negativo de negar el sentimiento de miedo en su interior. Esa necesidad es insaciable y el hombre se seguirá forzando para demostrar una y otra vez que es valiente.

He tenido que recurrir a todos mis mecanismos racionales de control para evitar saltar de mi coche en mitad del tráfico para responder a la provocación de alguien que me ha hecho un gesto obsceno. Luego tengo que asegurarme a mí mismo que no soy un cobarde por no haberlo hecho, aun cuando esta reacción habría sido totalmente autodestructiva y estúpida.

La actitud caballerosa de un hombre que pelea con otro que ha insultado a su acompañante femenina es otra de las variaciones sobre el tema autodestructivo. Esperemos que la progresiva liberación de la mujer convenza al hombre de que ella no es un ser frágil e indefenso que puede ser destruido por un comentario y de que, si quiere, es perfectamente capaz de defenderse por sí misma.

La tristeza y el llanto

Los ecos de «los niños grandes no lloran» y «¡llorona!» resuenan profundamente en la psique masculina y bloquean el flujo de lágrimas y la experiencia plena de la tristeza. Un paciente mío de veintitrés años describía así sus primeras experiencias de la infancia:

> Cuando tenía doce años, en una ocasión mi padre se burló de mí por llorar. En ese mismo momento y lugar tomé la decisión consciente de que no volvería a llorar en mi vida y la mantuve durante años. Cuando, por fin, me di cuenta de que llorar es bueno, y de que los hombres también tienen necesidad de hacerlo, ya no podía. Desde entonces he estado intentando aprender a llorar otra vez, y ha sido muy difícil. Lo mismo ocurre con otros sentimientos. Casi siempre me resulta muy difícil el permitirme experimentarlos.

Hay algo en un hombre que llora, sea un niño o un hombre, que ofende, ahuyenta a la gente y les inspira deseos de «hacer algo» para que se acabe lo antes posible. Las lágrimas en una mujer despiertan sentimientos de protección; en un hombre, las lágrimas producen incomodidad en el mejor de los casos y algunas veces hasta una ligera repulsión por su incapacidad de «controlarse». La virilidad sigue siendo sinónimo de aplomo y compostura frente a la tragedia. Un hombre que llora con frecuencia da la impresión a todo el mundo, incluido él mismo, de estar desmoronándose o de estar sufriendo una «crisis nerviosa». Sólo mediante un acto consciente de la voluntad la persona liberada es capaz de sentarse cómodamente con un hombre y dejarle llorar a sus anchas, sobre todo si lo hace con bastante frecuencia. La primera vez puede estar bien. Pero la tercera o la cuarta ya parece algo neurótico, infantil, o al menos fastidioso y desagradable.

La agresividad

Se supone que la agresividad es una forma de expresión previsible y aprobada en el hombre. En realidad, nos encontramos ante otro tabú.

A partir de la primera infancia todo el mundo espera de él que se muestre agresivo. Sin embargo, se espera que la expresión de esta agresividad sea impersonal y esté dirigida contra los desconocidos, competidores, enemigos y otros objetivos exteriores. En casa o en el colegio la agresividad del niño varón es reprimida severamente. No se le permite ser respondón, perder los estribos, ser revoltoso, insultar, hacer frente a los demás o pelearse.

En las relaciones con sus íntimos los asesinos más despiadados y los hombres de negocios más implacables han sido frecuentemente descritos como individuos amables, cariñosos y dulces que no harían daño ni a una mosca.

En cierto sentido el hombre se ve obligado a adoptar una conducta del tipo del doctor Jekyll y Mr. Hyde. Sólo muestra su faceta agresiva a aquellos que no pertenecen a su círculo más íntimo. Así se crea una situación peligrosa. Partiendo de la base de que una cierta dosis de agresividad es inherente a todo hombre, la ética de la agresión le obliga a buscar desahogos o blancos no personales. Se comporta de manera irracional, despiadada y cruel al desplazar su agresividad de su verdadera fuente hacia los objetivos «adecuados».

La ira hacia las mujeres

Los hombres aprenden muy pronto en su vida que psicológicamente siempre serán los perdedores en cualquier confrontación con una mujer, porque ganen o pierdan se les tachará de «matones». De niños son castigados por pelearse con su hermana. Se les enseña que la mujer es frágil y que él tiene que ser su protector, nunca su oponente o competidor. La tendencia de ella a llorar en lugar de manifestar sus deseos provoca, a menudo, una reacción de culpabilidad en el hombre.

1. Cuando es adulto, la incapacidad de enfadarse con una mujer sin una causa «justificada», como que ella le haya «engañado», haya insultado su masculinidad o no le haya dado de comer con la debida presteza, le impide relacionarse con ella de igual a igual. El hombre tradicional reacciona contra esta furia inconsciente y defensivamente, transformando esta emoción en una protección excesiva del supermacho sobre la hembra, en la que la considera mucho más frágil, infantil e indefensa de lo que es realmente. Este papel de defensor le hará apresurarse a plantar batalla en su nombre, movido por razones totalmente irracionales y autodestructivas.
2. La defensa contra la ira representa la muerte de la sexualidad espontánea. En su necesidad de mostrarse extremadamente tierno y sensible para asegurarle a ella y a sí mismo que no alberga sentimientos agresivos hacia ella, se bloquea a sí mismo, y además alienta a la mujer a representar el papel de amable *madonna* para ajustarse a sus fantasías.
3. La defensa contra la expresión de la ira aumentará su propensión a sentirse culpable en su relación con ella. Será víctima fácil de la manipulación por medio de las lágrimas o de actos de desamparo que le harán acusarse a sí mismo como «sádico» siempre que manifieste con energía sus deseos o que pierda los nervios con ella.
4. Por último, la agresividad y la furia que siente hacia

ella, que ha negado, y de las que se ha defendido, se manifestarán de innumerables maneras indirectas y subrepticias en forma de desapego y alejamiento, trastornos psicosomáticos y otras formas de agresión pasiva.

El movimiento feminista ha concentrado su atención en esta situación. La mujer liberada ha roto con los antiguos moldes y ahora manifiesta abiertamente sus deseos y se muestra agresiva en su relación con el hombre. Pero él sigue congelado en el miedo a su propia furia hacia ella y, en consecuencia, ha reaccionado ante sus acusaciones y denuestos fundamentalmente con sentimientos de culpa y patéticos intentos intelectualizados de reformarse para complacerla. Al mismo tiempo la ira que no está expresando directamente sale a la luz bajo la forma de una capacidad y disposición cada vez más reducidas de relacionarse de manera duradera y abierta con una mujer. Ahora le dicen que tiene miedo de las mujeres. El hombre de lo que *realmente* tiene miedo es de sus propios impulsos de furia y rabia hacia ella, provocados por su sensación de sentirse cada vez abandonado, frustrado y atrapado por sus vínculos con ella, cosas todas ellas que es incapaz de expresar directamente. Hasta que no sea capaz de experimentarlas de ese modo, no se producirá un cambio profundo y significativo, por muchos sermones que escuche el varón sobre su machismo y la obligación de tratar a las mujeres como iguales.

La intimidad con otros hombres

Papá coge en brazos, abraza, besa y acaricia a su hija pequeña; sin embargo, alborota el pelo, derriba y lanza de un lado a otro y pelea en broma con su hijo pequeño. Un beso en los labios a su hijo muy pronto les produce escalofríos por incomodidad a los dos, de modo que se abstienen. Finalmente, un somero apretón de manos o una rápida palmadita es toda la interacción física permisible entre hombres.

El niño que se muestra abiertamente afectuoso y expresa su cariño hacia su hermano o sus amigos varones sentirá las vibraciones de ansiedad de sus padres, que traslucen las dudas sobre su heterosexualidad. Cuando es comparado continuamente con otros niños de acuerdo con sus logros, aprende que los otros hombres son sus competidores, y como tales también son sus enemigos potenciales. «Es o él o yo. No podemos ganar o ser los primeros los dos», puede decirse a sí mismo.

La necesidad de proteger su imagen masculina le impide mostrarse tal cual a los otros hombres y revelar sus puntos flacos y debilidades. En consecuencia, cuando dos hombres están juntos, la combinación de competitividad subyacente, temor a la homosexualidad y la necesidad de mantener una imagen masculina dejan muy poco terreno seguro para la relación. Sólo hay espacio para las discusiones interpersonales sobre temas como los coches, los deportes, la política y los negocios.

A lo largo de todo su condicionamiento temprano, la intimidad con otros hombres estaba centrada en los enemigos comunes, sea en los deportes, los negocios o en la guerra. A medida que los hombres se hacen mayores y dejan de reunirse para estas actividades, se ensancha el abismo que los separa. Por tanto, para el hombre medio una relación íntima con otro es, en el mejor de los casos, un vago recuerdo de su época de la escuela secundaria o de sus días en el ejército.

El contacto físico

«¡Sólo se coge en brazos a los bebés!», se le dice al niño pequeño. Aprende que el contacto físico es para niños muy pequeños o para las niñas, y resulta que a los siete u ocho años ya ha adquirido el condicionamiento de sentirse molesto y ofendido si se le abraza o se le besa, sobre todo ante sus iguales. Muchos padres, por supuesto, se abstienen bastante de tocar a sus hijos a no ser de una manera oficiosa o superficial cuando han cumplido dos o tres años. Su racionalización es: «No quiero que mi hijo sea un marica de mayor.»

Aprende también que tocar a las niñas equivale a sexo: sólo se toca con el fin de acostarse con ellas. Los adultos se muestran profundamente defensivos ante el contacto físico, con reacciones que rayan la fobia. Apenas pueden soportar que otro hombre les toque y el contacto físico con mujeres se percibe como un preludio de la relación sexual. Ser abrazado y acariciado sin más, les produce malestar y está más allá de su comprensión. Las imágenes del héroe masculino de nuestra cultura son las de los «intocables»: fríos, reservados y sin necesidad aparente de estas actitudes «afeminadas».

La libertad y la impulsividad

Los mensajes que recibe de niño para que no se porte como un animal salvaje, para que se «calme», para que actúe como un adulto, para que se controle, enseñan al joven adulto a temer y evitar una existencia fluida y espontánea en la que podría realizar muchas elecciones. Ser libre para él significa que podría ser destructivo: un toro en una cacharrería. Puede considerarse incluso un narcisista que busca su propia satisfacción por querer ser libre. Sólo puede disfrutar de la libertad indirectamente, identificándose con personajes de ficción como James Bond o con las hazañas de algunos reputados *playboys*.

El miedo a la libertad impulsa al hombre a limitar sus opciones en una época muy temprana de su vida. Se casa a los veintipocos años, tiene niños inmediatamente, se sobrecarga de responsabilidades financieras y se encierra en un estilo de vida en el que le quedan pocas opciones, mucho antes de haber tenido siquiera tiempo para crecer verdaderamente y saber quién es. En realidad, está levantando muros contra la libertad y la impulsividad, que teme que le conduzcan a terrenos destructivos y peligrosos.

Cuando le pregunté a algunos hombres por las razones por las que se casaron y continuaron casados, una respuesta que obtenía con frecuencia era: «Ella tiene un buen efecto sobre mí. Me estabiliza. Me ha ayudado a sentar la cabeza.» Este tema recurrente refleja la desconfianza del hombre en su propia capacidad para regular su vida y la creencia concomitante en la mágica capacidad de las mujeres de hacerlo por él.

En realidad, todos ellos se habían casado con figuras maternales a quienes habían asignado la responsabilidad de asegurarse de que se portaban como buenos chicos.

Incluso después del divorcio, muchos no parecen capaces de tolerar la libertad de algunos años de movimiento por su cuenta. Prefieren volver a casarse precipitadamente o demostrar que son maduros buscando otra relación vinculante.

La feminidad

La mayoría de los hombres «normales» sufriría de sudores fríos ante el hecho de ponerse ropa femenina. Mientras que las chicas se encuentran a gusto con nombres que suenan masculinos como Marty, Ronnie o Lenny, los chicos no llevarían ni locos, ni podrían sobrevivir a hacerlo, nombres de chicas como Sally, Sue o Wendy. Su hermana podía imitar sin problemas los gestos de papá, pero que él imite a mamá es tabú. La liberación femenina la ha hecho casi totalmente libre para adoptar o permitirse cualquiera de las conductas o estilos que antes se consideraban tradicionalmente masculinos; sin embargo, aún es víctima de la rigidez de su papel, teme dar salida al componente femenino de su personalidad, y esta rigidez que se le atribuye hace su vida más precaria. El hombre se encuentra con pocas alternativas en un mundo cambiante en el que las mujeres cada vez ocupan más puestos tradicionalmente masculinos.

Los mensajes que se le hacían llegar de niño eran claros y terminantes: sólo las nenas o los «maricas» jugaban con las niñas. De haber jugado a las casitas, a cocinar, coser, vestir a una muñeca o saltar a la comba habría sido víctima de todo tipo de burlas, y sólo los más fuertes podían sobrevivir y seguir haciéndolo abiertamente.

El miedo a su parte femenina también le empuja a mostrarse cruel con otros hombres que actúan de manera «degenerada». La tendencia de los chicos a ridiculizar a otros de conducta afeminada y a verse obligados a adoptar una actitud de macho es autodestructiva y alienante.

Las tonterías, hacer el payaso, mostrarse espontáneamente juguetón, y hasta reírse sin inhibiciones (en lugar de las controladas risitas disimuladas) son cosas que están fuera del típico repertorio expresivo con el que el hombre se siente cómodo. Siempre me apena ver las miradas incómodas y expresiones reprobatorias que recibe un hombre que se deja llevar, hace el payaso, el tonto o actúa infantilmente de algún modo. Los mensajes tácitos que le están siendo dirigidos son: «Estás haciendo el idiota», o «¡Deja de hacer el imbécil!» Si resulta ser un hombre de edad, el mensaje «No hay mayor tonto que un anciano tonto» resuena por toda la habitación. Y si está con su mujer, su malestar es generalmente muy evidente cuando intenta «calmar» a su marido.

La relación entre ser masculino y ser lógico, analítico y científico hace que el hombre tema lo «irracional», es decir, cualquier cosa que no sea visible y concreta o susceptible de ser probada científicamente. Por consiguiente, a menudo carece de lo que se conoce comúnmente como «intuición», la capacidad de sentir y percibir una situación y de reconocer y confiar en sus reacciones allí donde las señales no son tan visibles.

Una definición tradicional de la madurez del hombre implica la proyección de una apariencia externa adulta y controlada sin asomo de conducta infantil. Por tanto, éstos a menudo resultan compañeros aburridos. Su rigidez, timidez y miedo a relajarse les confiere una seriedad excesiva y rechazan cínicamente la alegría. El colmo de la relajación para muchos es emborracharse y contar chistes o ir a ver una película porno.

Las tempranas recriminaciones para que no se portara como un chiquillo, no fuera infantil o tonto y no hiciera tonterías o payasadas han restringido enormemente su repertorio de actitudes.

La autosuficiencia y la fuerza no se consideran compatibles con las tonterías y las bromas.

La ambigüedad y el conflicto

El miedo a la ambigüedad está relacionado con este miedo a lo «irracional». Por ello, el hombre llega a sentir la necesidad de un mundo en blanco y negro, y aceptará con gusto una respuesta equivocada o parcial para aliviar la ansiedad asociada a las zonas grises, poco claras o ambiguas.

Este miedo a la ambigüedad y al conflicto está relacionado con su condicionamiento infantil, que le presionaba para que fuera decidido, activo, lógico y claro. Resulta difícil funcionar de esta manera y aceptar al mismo tiempo la vaguedad y la verdad de las posibilidades alternativas.

El hombre necesita que las cosas sean buenas o malas, correctas o equivocadas, morales o inmorales, disparatadas o razonables, de nuestro bando o del de ellos. Esta actitud se opone a un planteamiento flexible y abierto de la vida. Para él no puede haber zonas a media luz. Por ejemplo, según su actitud tradicional ante la justicia, o bien se es inocente o se es culpable. Ningún término medio parece aceptable. Cada experiencia o reacción tiene que ser etiquetada y la verdad sobre la existencia de opuestos y contradicciones en la misma persona o acontecimiento de la vida le hace sentirse incómodo.

La incapacidad para tolerar la ambigüedad y el conflicto nos lleva directamente al nivel emocional. Por consiguiente, el hombre se muestra rígido en sus relaciones. Todo se reduce a dominar o ser dominado, controlar la situación o no hacerlo, ser fuerte o vulnerable. Sin embargo, no es capaz de dar rienda suelta con facilidad a la dimensión plena de su ser, permitiéndose ser de una manera en un momento y de otra distinta en otro. Porque en cuanto se adentra en territorio prohibido, permitiéndose, por ejemplo, ser dependiente, se siente incómodo y ansioso.

Las actitudes defensivas

No es difícil darse cuenta de la razón por la que el hombre contemporáneo es calificado a veces de máquina. Si se le observa con detenimiento, parece evidente que pocos sentimientos y expresión de las necesidades encajan en la definición de masculinidad socialmente aprobada, si es que hay alguno. Por consiguiente, adopta diversas posturas, estilos y actitudes, como las que enumeramos a continuación, para justificar el hecho de que la expresividad emocional y la supervivencia no son compatibles para él:

a) El hombre cínico. A sus ojos todos los sentimientos son falsos. Su percepción de sí mismo y de los demás tiene un tinte cáustico, amargo y resignado. Parece estar diciendo: «No hay ningún modo de que yo llegue a sentir alguna vez y me sienta al mismo tiempo seguro de este mundo.» Así que justifica su postura cínica calificando los sentimientos como poco sinceros.

b) El hombre autónomo. Para él, «los sentimientos son debilidades» que lo desplazan de su centro inamovible de pura independencia y sólo le hacen sentirse vulnerable. Para este tipo de hombre, exponerse a los sentimientos supondría exponer su talón de Aquiles ante las armas del enemigo.

c) El hombre intelectualizado. Disecciona, analiza, filosofa y discute interminablemente los sentimientos, pero de él jamás ni un solo sentimiento espontáneo. Puede que incluso intente «ayudar» a los demás a sentir, pero sus propias reacciones carecen de relieve, son despegadas e impersonales. Se distancia de los sentimientos haciendo pasar todas sus reacciones por el filtro reductor de su intelecto.

d) El hombre pasivo-agresivo. «¿Qué quieres que sienta?» es la actitud de este hombre. Domina su temor a los sentimientos eludiendo el compromiso. Se hace un ovillo en su concha y obliga a otras personas a que puedan sentirse motivadas para ello a luchar por arrancarle un sentimiento. Finalmente, lo dejan en paz, sintiéndose totalmente frustrados.

e) El hombre manipulativo. Consume a la gente y la escupe después de haberla utilizado. Fingirá e imitará cualquier sentimiento que piense que puede hacerle conseguir lo que quiere. Los sentimientos de los demás son sus asideros, las herramientas que utiliza y las vulnerabilidades con las que juega para conseguir su objetivo. No tiene otros sentimientos más que los simulados.

f) El hombre con ambiciones. «Los sentimientos no se comen» y «Los sentimientos están bien para más adelante, pero ahora mismo son una pérdida de tiempo» definen la actitud del hombre con ambiciones. Para éste los sentimientos no son eficaces; son un lujo que no tiene relación alguna con el proceso vital de supervivencia, y a sus ojos pueden apartarlo de su camino y conducirlo a una trampa sin salida. Lo cierto es que nunca llega a sentir, sino que mantiene la ilusión de que podría hacerlo si quisiera.

Hoy en día está muy de moda exhortar a los hombres a que sientan. Pero estas exhortaciones son algo parecido a pedirle a un hombre lisiado que se eche a correr. Las defensas del hombre contra los sentimientos son poderosas y profundas, y están íntimamente relacionadas con la imagen que tiene de sí mismo como hombre; está atrapado en funciones que son la base de nuestra cultura. Es poco probable que un simple acto de voluntad por su parte pueda liberar el huracán de sentimientos reprimidos que hay en su interior. El hombre de hoy es el resultado de operaciones defensivas a gran escala *contra* los sentimientos. Estas defensas están dispuestas para protegerlo en nombre de la supervivencia, transformando la multitud de impulsos poderosos y socialmente prohibidos en una conducta masculina aceptable. Para sobrevivir y contener estos sentimientos reprimidos tiene que distanciarse cada vez más de todas las relaciones que podrían estimularlo o provocar en él una respuesta incontrolada. Se siente cómodo principalmente en la negación: «No te necesito», «No estoy enfadado», «No tengo ganas de llorar», etc. Como no se permite la libre expresión de sus sentimientos, el hombre vive en una constante reacción contra sí mismo. Lo que muestra ante los demás no es sino una fachada, una defensa *contra lo que es, en realidad, en el interior. Se controla negándose a sí mismo.*

Incluso el hombre capaz de manifestar algunas de sus emociones tiene que andar siempre sobre seguro para tener la certeza de que la expresión del sentimiento resulta adecuada. Puede ser aceptable manifestar alguna emoción en el hogar, pero es mejor tener cuidado y mantener su frialdad en público, sobre todo en el trabajo. En cierto sentido, se ve obligado a dividir sus emociones, permitiendo que algunos sentimientos atraviesen la barrera sólo en los lugares más seguros y con la certeza de que, en la mayoría de los demás lugares, sus emociones quedan bien ocultas.

Esta situación tiene muchas consecuencias destructivas para el hombre:

1. Está expuesto a conductas repentinas e imprevisibles. Esto es, sus carencias emocionales le empujan periódicamente a hacer «locuras»: emborracharse, conducir como un loco o un amorío evidentemente destructivo o una explosión de violencia, entre otras. Todas surgen del volcán oculto de su interior. En consecuencia, todas sus relaciones son poco sólidas, frágiles y explosivas por el gran desequilibrio existente entre su yo interno y el externo.

2. Tiene tendencia a «volver locas» a las personas más próximas a él. Es decir, niega sus sentimientos y necesidades, y después se siente resentido porque sus íntimos le toman al pie de la letra y no interpretan correctamente su yo oculto. Acaba diciéndose a sí mismo: «No le importo a nadie. Que se vayan todos al infierno.»

3. La represión y desconocimiento de sus verdaderos sentimientos le hacen propenso a los trastornos y perturbaciones emocionales como la depresión, el aislamiento, la ansiedad, la falsa euforia, etc. Todos estos síntomas enmascaran el revoltijo de sentimientos subyacentes, sentimientos bloqueados que no alcanzan el nivel consciente. Su negación se convierte en la causa principal de sus «problemas afectivos».

4. La represión de los sentimientos le hace propenso a innumerables trastornos psicofisiológicos. La concentración y frustración de los sentimientos contenidos pueden provocar síntomas como dolores de espalda, fatiga, dolores de cabeza, problemas intestinales y úlceras.

5. Las defensas contra los sentimientos lo empujan a apartarse más y más de sus relaciones. Tiene que mantener a los demás a distancia para poder mantener el control. El resultado es que se encuentra cada vez más solo, alienado, paralizado y con una sensación cada vez más profunda de futilidad en las relaciones. Sólo más dosis de acción consi-

guen movilizarlo temporalmente, pero hasta eso acaba también por producir aburrimiento y falta de vitalidad.

6. Su incapacidad para pedir ayuda supone que cuando sus defensas empiezan efectivamente a hacerse pedazos y se encuentra atrapado en su propio desorden, su confusión, su pánico y su conflicto, su única alternativa es la de aislarse cada vez más o atontarse con el alcohol o las drogas.

Un hombre sólo se esforzará por cobrar conciencia de sus sentimientos cuando se dé cuenta de hasta qué punto está privado de la experiencia de sí mismo y de los placeres potenciales de estar plenamente vivo y de ser real. Los sentimientos sólo empezarán a surgir con la conciencia de lo que el no sentir está haciendo de su vida. Sin embargo, mi experiencia como psicoterapeuta me ha demostrado que no se puede aconsejar o presionar a otra persona para que sienta, aunque aparentemente sea por su bien. La mayoría de los hombres ha invertido muchas energías en adquirir la capacidad de controlar los sentimientos, con su temor concomitante a relajarse emocionalmente. Tendrá que volver a aprender de algún modo *cómo* ser una persona con sentimientos.

En nuestra cultura, quizá la manera más segura , más fácil para conseguir la recuperación del yo emocional es una terapia individual o de grupo dirigida por un profesional cualificado. Pero aun así, hay que contar con que el proceso puede ser lento y difícil, en contra de la acostumbrada exigencia del hombre de que ha de conseguirse rápidamente. No pueden producirse cambios significativos a menos que las experiencias emocionales sean plenamente asimiladas e integradas de manera constructiva. Por tanto, haría bien en regalarse a sí mismo una experiencia profunda y total, dedicándole el tiempo que necesita y que él se merece. Después de todo, se ha pasado la vida negando sus sentimientos. Desmontar este proceso exige un compromiso pleno y una continua conciencia de hasta qué punto es importante para su supervivencia.

V. LOS HOMBRES EN TRATAMIENTO

Muchos hombres que acuden al psicoterapeuta cuando están sufriendo una dolorosa crisis, en realidad son individuos que se han derrumbado bajo la presión de lo que, desde mi punto de vista, es básicamente un dilema emocional del varón. No es que sean neuróticos, sino más bien que están experimentando la invasión de los sentimientos, impulsos, necesidades y conflictos que fueron eliminados y reprimidos en el transcurso de su primer condicionamiento como hombre. Estos sentimientos estaban atrincherados tras defensas poderosas que ahora se están desmoronando. Su percepción emocional de ellos mismos y de los demás fue abortada mucho antes, formando importantes centros de bloqueo y haciéndoles vulnerables al derrumbamiento total en el curso de una crisis.

Cuando la situación vital de un hombre es tal que estos aspectos prohibidos de su existencia emocional no pueden seguir siendo contenidos por las defensas levantadas contra ellos, acude al despacho del psicoterapeuta para someterse a tratamiento, por lo general en un estado de gran agitación, ansiedad y/o depresión.

ROGER R.
Edad: 31.
Profesión: representante de productos químicos.
Matrimonio: 12 años.
Hijos: hija, 11 años; hijo, 8 años; hijo, 6 años.

«Supongo que simplemente me volví loco. No sé lo que me ocurrió, simplemente no podía dejar de pegar al niño.»

Roger R. acudió a la terapia ante la insistencia de su mujer, que le amenazó con abandonarle si no lo hacía. El acontecimiento que precipitó la crisis tuvo lugar una tarde de domingo. Su hijo mediano, Seth, era un niño hiperactivo que se levantaba a las seis y media todos los días y desbordaba de actividad hasta bien entrada la noche. Lo acostaban a las ocho y media y él entraba y salía durante tres horas, iba al baño, pedía que le contaran un cuento o le dieran un vaso de agua, suplicaba que le dejaran ver un rato la televisión o se ponía a hacer preguntas.

El incidente que provocó la violenta furia de Roger ocurrió tras una semana especialmente difícil en el trabajo. Roger estaba relajándose, viendo un partido de fútbol mientras su hijo no dejaba de saltar encima de él, pidiéndole que jugara con él. De repente, Roger tuvo lo que él ha llamado un «apagón». «Agarré a Seth y empecé a pegarle y no podía parar. Si Sylvia no hubiera estado allí y no hubiera oído gritar al niño, podría haberlo matado. Después, cuando me separó de él y vi las magulladuras por todo su cuerpo me eché a llorar. No podía creer lo que había hecho.»

Después de cinco sesiones de terapia durante las que dio rienda suelta a sus sentimientos de culpabilidad, de autoacusación y vergüenza de sí mismo, el resentimiento subyacente que llevaba años fermentando en su interior y que era la causa, desarrollada a lo largo de mucho tiempo, del incidente del domingo, rebasó la barrera de contención. Roger se había casado a los diecinueve años porque Sylvia estaba embarazada. «No tenía valor para insistir en que abortara, sobre todo, porque ella ya se lo había dicho a su madre, que se lo había contado a mis padres. Ella decía que me quería, que quería ser mi mujer y tener mi niño. Supongo que me sentí halagado. Intenté razonar amablemente para convencerla de que abortara y le dije que me casaría con ella más adelante, pero no dio resultado. ¿Qué podía hacer? No podía portarme como un hijo de puta despiadado y abandonarla. De todos modos era un chico asustado de clase media y esas cosas no se hacen. En cierto modo la quería, y con el tiempo hasta me convencí a mí mismo de que estaba contento de ser padre. Me dije que así me haría un hombre.»

Su mujer era la segunda mujer con la que había mantenido relaciones sexuales en su vida. La primera fue un «polvo en el asiento trasero del coche». Inmediatamente después de la boda él se puso a trabajar a jornada completa, iba a la universidad por las noches y dedicaba las energías que le quedaban a intentar ser un buen padre y marido.

Cuando se produjo el incidente del domingo, todo esto se había ido acumulando en su interior. «Yo no era más que un pozo de frustración y de ira. Sentía cómo crecía día a día. A veces, cuando iba en el coche hacia casa deseaba que hubiera ardido con todos dentro. Morboso, ¿verdad? Tarde o temprano alguien tenía que pagar mi furia. Sólo era cuestión de tiempo.»

Hacía mucho que Roger envidiaba a los hombres solteros que conocía. Tenía continuas fantasías sexuales. Cuando salía de la ciudad de viaje de negocios, iba a ver películas porno. «Todo lo que conseguía era ponerme enfermo. Aquí estaba yo, con una mujer y tres hijos en casa, ahí sentado mirando a una chica chupándosela a quince tíos.» Ni siquiera era capaz de ligarse a una chica cuando estaba de viaje, porque el dinero no le sobraba y su mujer estaba al tanto de hasta el último centavo que se gastaba.

Pensó en abandonar a su mujer, pero se sentía demasiado culpable para pedir el divorcio. Dijo: «¿Cómo iba a abandonar a una mujer muy cansada y muy vieja?» Así que continuó soportándolo todo hasta esa tarde de domingo en la que los sentimientos enterrados simplemente se adueñaron de él, por sí mismos.

Roger R., como muchas personas en nuestra cultura, se casó y tuvo hijos muchos años antes de lo normal y por muchas razones equivocadas. Su crecimiento se detuvo al casarse. En contra de lo que comúnmente se cree, el matrimonio no le hizo madurar; lo atrofió. Ya no podía permitirse cambios ni sentimientos. Tenía que bloquearlo todo para que no obstaculizara su objetivo principal: la supervivencia económica. En algunos sentidos era el producto de una cultura que tolera tácitamente el matrimonio a una edad temprana y no instruye al varón sobre el alto precio que pagará por verse limitado de este modo.

Roger R. fue padre no porque lo quisiera realmente, sino porque se sentía demasiado culpable para no serlo. Sufría la típica reacción culturalmente provocada de culpabilidad masculina hacia la mujer; negarse a complacer a una chica embarazada era una actitud indigna. También se sentía responsable de los sentimientos y la autoestima de ella. El hombre es especialmente propenso a sentirse culpable si la mujer dice que le quiere y que quiere ser la madre de su hijo. Además se convenció a sí mismo con la teoría de que ser padre, de alguna manera, corroboraría su virilidad y le haría madurar: una típica fantasía masculina.

Su resistencia inicial a casarse era la manifestación de una conciencia subyacente de que iba a renunciar a su crecimiento y desarrollo. Pero como a la mayoría de los hombres de clase media, le habían enseñado que tenía que asumir la responsabilidad de una conducta sexual «impulsiva» si la mujer insistía en ello. De hecho, era legalmente responsable. Lo intentó todo para adecuarse lo mejor posible a su papel y reprimió continuamente su resentimiento hasta que no pudo seguir conteniéndolo. Por último, su hijo de once años se convirtió en la víctima de su furia y su frustración.

HENRY B.

Edad: 39.
Profesión: propietario de una empresa de salvamento de barcos.
Matrimonio: 12 años.
Hijos: ninguno.

> «Tengo cogidos por los huevos a esos tipos de los barcos. Cuando vienen a suplicarme que les venda una pieza, tengo sus traseros en la palma de mi mano.»

Henry B, un inmigrante alemán de treinta y nueve años, llegó a este país a los siete años. Por necesidad, para ayudar a mantener a su familia, empezó a trabajar muy pronto ayudando a un vendedor de periódicos a descargar los fajos de su camioneta a primera hora de la mañana y repartiendo paquetes para el carnicero del barrio después del colegio. Su padre, tras pasar por una serie de empleos no cualificados, encontró trabajo como soldador en los astilleros, a los que Henry le acompañaba con frecuencia en los veranos. Con el tiempo, Henry llegó a sentirse fascinado por los barcos, y cuando acabó la escuela secundaria encontró trabajo en un astillero. Después de siete años en este trabajo, puso en marcha su propio negocio de salvamento de barcos naufragados y hundidos. Impulsó el negocio, que llegó a tener ramificaciones por todo el mundo, y reunió una de las mayores reservas de piezas usadas más difíciles de encontrar que luego vendía con un amplio margen de beneficios.

Se enorgullecía de su éxito y también de su mujer, nacida en Iowa y «cien por cien americana», con la que se casó a los veintisiete años, en el momento en que el negocio comenzaba a ser lucrativo. Después de cinco años de matrimonio, tenía bastante dinero como para abandonar el barrio de clase media en el que vivían y mudarse a la zona más cara. También es cierto que Henry se sentía fuera de lugar entre la gente de dinero, porque seguía considerándose un obrero manual. Siempre se había podido comunicar bien con los albañiles y otros trabajadores cualificados; sin embargo, se sentía complacido de manera indirecta, sabiendo que su mujer disfrutaba de su posición y tenía éxito entre la «sociedad» local.

Cuando empezó la terapia, en un principio, sus razones para haber dado ese paso eran muy vagas. Decía que estaba «demasiado nervioso» y que quería aprender a relajarse. Se pasó la mayor parte de las primeras cinco sesiones alardeando de su éxito, a menudo en tono hostil. Decía: «Soy el primero en este negocio: o aceptan mis condiciones, o allá ellos. Si no les gustan mis precios, pueden largarse. He pagado derechos de fondeo de sobra para llegar donde estoy.»

Su terapeuta se enfrentó a él: «No estará pagándome todo este dinero para alardear de sus éxitos, ¿verdad?»

Henry enrojeció, respondió con evasivas y, por último, dijo: «Ah, a la mierda, más vale que se lo cuente de una vez.» Luego le reveló que en los últimos cinco años se había hecho homosexual, buscando encuentros en los baños de los parques y en las estaciones de tren, principalmente cuando no estaba en la ciudad. Decidió buscar ayuda después de estar a punto de ser arrestado por un policía vestido de paisano. Consiguió convencerlo y salir del apuro, pero el incidente le dejó aterrado. Se imaginaba toda su vida tirada por la borda.

Sus sentimientos homosexuales sólo habían empezado a obsesionarle después de su éxito profesional. Hasta entonces, tenía fantasías homosexuales ocasionales, pero las reprimía trabajando mucho, compitiendo y «haciéndolo». Cuando por fin se permitió experimentar su fuerte deseo sexual por los hombres, tenía demasiado miedo a ir a los bares de homosexuales o de intentar conocer a homosexuales en otros lugares porque temía ser reconocido.

Henry dijo que su matrimonio no se había visto afectado porque a su mujer no parecía importarle que casi nunca hicieran el amor, y cuando lo hacían, él tenía fantasías con hombres. Ella parecía conformarse con formar parte de los círculos sociales e interpretaba su falta de interés sexual general como una consecuencia del exceso de trabajo. Mientras Henry seguía hablando de ello se dio cuenta de que se sentía profundamente resentido con que ella disfrutara de ese estilo de vida. «En realidad, odio vivir en esa parte de la ciudad. Por lo menos, antes tenía alguien con quien hablar. Ahora todo se reduce a algún viaje de mierda con algunos WASPS * adinerados», confesó.

Henry B es el prototipo de hombre que escala puestos en la sociedad y acaba viviendo en ambientes adinerados en los

---

* *White, Anglosaxon and Protestant* (blanco, anglosajón y protestante), la élite social en EE. UU. (N. de la T.)

que se siente básicamente desgraciado y tiene poco en común con sus vecinos. Obligados a demostrar su valía, a complacer a sus mujeres e impresionar a sus amigos, acaban sintiéndose a disgusto y aislados en un ambiente que no es para ellos.

En muchos sentidos el comportamiento de Henry es un ejemplo de cómo muchos hombres que ambicionan el éxito acaban haciendo algo autodestructivo en un intento inconsciente de liberarse de una vida cada vez más irreal e insatisfactoria. Quizá tengan un amorío escandaloso, empiecen a beber en exceso, se dediquen a manipulaciones ilegales en sus negocios, empiecen a ignorar u olvidar importantes compromisos, etc., todo ello por el deseo inconsciente de aliviar una situación dolorosa de la que no son capaces de alejarse conscientemente. En el caso de Henry, el ambiente en el que eligió dar rienda suelta a sus impulsos homosexuales le conduciría casi con absoluta seguridad al desastre. Así, Henry estaba intentando destruir una vida que había construido y que se había convertido en algo estéril y sin vitalidad.

La actitud de Henry hacia sus competidores simboliza la posible relación existente en nuestra cultura entre la actitud hostil e implacable en los negocios y la sublimación de la homosexualidad masculina. Los hombres de negocios se insultan llamándose «gilipollas», hablan a menudo de tenerse cogidos «por los huevos», de «dar por el culo» al competidor y de «joder» o ser «jodido» por aquél. La conducta homosexual de Henry no se manifestó abiertamente hasta *después* de haber alcanzado el éxito en los negocios, cuando ya no tenía necesidad de sublimar su homosexualidad con un comportamiento hostil y competitivo.

La actitud hostil de esta cultura hacia la expresión de la parte femenina de los hombres puede estar directamente relacionada de alguna manera con la grave alienación y desconfianza existentes entre ellos, que son más evidentes en los terrenos más competitivos como el de los negocios. Estas actitudes implacables de los hombres pueden considerarse una reacción *contra* el impulso culturalmente temible y amenazador de buscar la intimidad con otros hombres. Estas actitudes le empujan a comportarse como un supermacho y producen en él el pánico a la intimidad con otros hombres.

STEVEN L.

Edad: 26.
Profesión: profesor de tenis.
Estado civil: soltero.

«...Me he follado a todas esas tías y de la mayoría ni siquiera me acuerdo de sus nombres.»

Steven L, era un hombre atractivo, de piel oscura y constitución atlética. Se había especializado en educación física en la universidad y había formado parte del equipo de tenis. Después de licenciarse, aceptó un empleo en un club de tenis recién construido, ubicado en un gran complejo para solteros. Conocía continuamente a chicas en las pistas de tenis, y también en las fiestas y en los bares para solteros. Acudió a la terapia después de haberse acostado con una serie de chicas, experiencia que le hacía sentirse cada vez más hastiado y solitario. «Me siento como si hubiera tenido diez mil citas y viviera en un mar de cuerpos. Cada vez que ligo, se me pasa por la cabeza cuántas veces lo he hecho.»

Durante varios años Steven llegó incluso a disfrutar de lo que él llamaba «atascos de tráfico». Tenía hasta tres citas en el mismo día: la primera a última hora de la tarde, seguida de otra a las nueve, para acabar en el apartamento de otra chica a medianoche. Descubrió que cada vez tenía menos que decir a las chicas con las que salía. Parecía una sucesión interminable de salir a cenar o a tomarse una copa, quizá al cine, y luego a la cama. Estaba aburrido y furioso con sus novias por mostrarse pasivamente de acuerdo con todo lo que proponía. «Nunca me dicen qué es lo que piensan. No sé lo que les gusta o no les gusta realmente, ni siquiera quiénes son. Se limitan a estar de acuerdo. A veces, me dan ganas de decirles: «Conduce tú, y yo me sentaré a mirar el maldito panorama. Decide tú a dónde vamos y qué hacemos.» Incluso cuando follamos no me dicen lo que las excita. Están tan ocupadas en complacerme, que creo que la mayor parte del tiempo están tomándome el pelo a mí y a ellas, y fingiendo que están excitadas.» Aunque Steve se sentía furioso por la pasividad de las chicas con las que salía, admitió que tampoco le gustaban las chicas «demasiado agresivas». Si notaba que tenían un carácter fuerte no salía con ellas.

Aunque afirmaba que deseaba una relación que tuviera más sentido, sabía que también estaba engañándose a sí mismo. Aunque invariablemente se mostraba muy crítico sobre pequeños detalles de las chicas con las que salía como su manera de vestir, de oler, de hablar o de moverse, nunca les decía lo que no le gustaba de ellas. Se limitaba a tacharlas de la lista en silencio. Según él, obraba así porque no quería herirlas. La razón más profunda salió en una sesión, cuando dijo: «No se lo digo porque, en realidad, no quiero que cambien por mí. Cómo podría saber que no están manipulándome al cambiar para complacerme. De todos modos, más adelante, cuando se sientan más seguras, volverán a sus viejas costumbres.»

Aunque aparentemente era muy agresivo con las mujeres, se daba cuenta de que siempre esperaba alguna indicación de que le encontraban atractivo antes de acercarse a ellas. Era raro que persiguiera a una chica que le atrajera si ella parecía indiferente, y cuando una chica se negaba a salir con él, nunca se lo pedía una segunda vez. Dijo: «Odio vender nada; incluido yo.»

Aunque se sentía orgulloso de ser profesor de tenis, tenía la impresión de que las chicas con las que salía se sentían atraídas por él, en gran parte, a causa de su imagen y no sabían ni parecía importarles quién era él en realidad. Sin embargo, reconocía que él disponía las cosas de este modo al mencionar el hecho de que era profesor de tenis en la conversación durante la primera cita y al salir principalmente con chicas a las que conocía en la pista de tenis.

Steven era un producto de las contradicciones del condicionamiento masculino, que enfrenta al hombre ante un conflicto irresoluble al aprobarle por «ligar» y luego hacerle sentirse culpable por ello, sin permitirle que disfrute realmente al tachar su conducta de «superficial», o darle a entender que se debe a un complejo de don Juan, de inseguridad sexual, y una prueba de su incapacidad para tener relaciones «significativas». En este caso Steven era incapaz de disfrutar de las experiencias sexuales por sí mismas y tampoco podía aceptar alternativas, como una relación monógama o incluso abstenerse por completo del sexo.

En otra manifestación típica de su condicionamiento masculino, Steven tenía miedo a manifestar claramente sus sentimientos negativos con las chicas con las que salía, por temor a herir sus sentimientos. Al hombre se le enseña a tratar a las mujeres de manera no agresiva y a considerarlas frágiles. Esto impide que una relación se fundamente sobre una base auténtica emocionalmente. Además, el temor del hombre, a ser manipulado por una mujer, que podría cambiar temporalmente para complacerlo, es también el resultado de su incapacidad para distinguir correctamente la diferencia entre una reacción auténtica y otra manipulativa, debido en parte a su miedo condicionado a confiar en sus propias reacciones y a su tendencia a considerarse a sí mismo «hostil» si se enfrenta a una mujer de inmediato, cuando tiene la impresión de que una reacción no es sincera.

Al verse obligado a construir una imagen de sí mismo, como hacía Steven al decirles a las chicas que era profesor de tenis (para ser considerado atractivo), el hombre se convierte en víctima de ese mismo proceso. Esto es, lucha por ser «alguien» y después de hacerlo experimenta esa profunda sensación de soledad que resulta de sentirse obligado a atenerse a un papel para resultar atractivo, dándose cuenta desde el principio de que no está siendo reconocido o amado por lo que realmente es.

Aunque superficialmente son los hombres los perseguidores, la mayoría de ellos no ha desarrollado nunca una tolerancia frente al rechazo en sus relaciones con las mujeres. Esto les hace sentirse atraídos de forma inconsciente por aquellas mujeres que notan que les encuentran atractivos desde el primer momento. Aunque resulta tranquilizador estar solicitado, al mismo tiempo existe la frustración de saber que, en el fondo, él no ha elegido realmente esa relación.

Por último, Steven mostraba la resistencia típicamente masculina a mostrarse pasivo en sus relaciones con las mujeres. Por consiguiente, tendía a evitar a las mujeres seguras de sí mismas y a sentirse atraído por la mujer más pasiva y «femenina», con lo que sólo conseguía sentirse resentido porque se encontraba una y otra vez ante una interacción desequilibrada y repetitiva en la que siempre se sentía obligado a desempeñar la función de dominador.

LEONARD S.

Edad: 67.
Profesión: profesor jubilado.
Matrimonio: 34 años.
Hijos: hijo, 31 años; hija, 28 años.

«Está siempre gastándoles bromitas atrevidas a las chicas jóvenes. Debe de estar volviéndose senil, y estoy preocupada por él.»

Leonard S fue enviado al terapeuta por su médico ante la insistencia de su mujer, Jenny, que concertó la cita porque Leonard se negaba a hacerlo. Por teléfono, se mostró preocupada porque su marido actuaba inconvenientemente, no dejaba de mirar a las jovencitas y hacía comentarios frecuentes que la avergonzaban a ella y a su familia. Jenny, una hermosa mujer de aspecto severo y «práctico» y un cabello blanco como la nieve recogido en un moño, acudió a la sesión de terapia con Leonard, un hombre robusto de aspecto vital y cabellos grises. Al principio, Jenny era casi la única que hablaba mientras Leonard estaba sentado en silencio, con aspecto de sentirse alternativamente avergonzado e irritado. Aunque ella admitió que Leonard era un hombre saludable, estaba convencida de que debía haber tenido un montón de esos «pequeños ataques al corazón» sobre los que había leído algo en la sección de medicina del periódico, «de esos que no son un verdadero ataque, pero que dañan el cerebro».

Dijo: «No comprendo lo que le está pasando. Hace dos años empezó a hablar con todos los jóvenes *hippies* del parque. Cuando vamos andando por la calle se queda mirando a las chicas sin sujetador, a las que se les transparentan los pezones; las mira como si se le fueran a salir los ojos de las órbitas. La última novedad es que está todo el tiempo paseando por la playa nudista que hay cerca de casa y hace dos semanas quería quitarse la ropa. Lo habría hecho si yo no se lo hubiera impedido.»

También se quejaba de que Leonard ya no se interesaba por la ópera igual que antes. En lugar de eso se quedaba paralizado, escuchando a los jóvenes tocar música rock en la playa.

Jenny tuvo un ataque de ira cuando, por fin, Leonard habló y dijo: «No me pasa nada malo. Nuestros amigos son aburridos; tú quieres que yo juegue al tejo o al ajedrez todo el día, igual que ellos.» Jenny lo interrumpió de inmediato, preguntándole con aire acusador qué interés le encontraba a hablar con los jóvenes. «No saben nada. Son bebés. Ya están bastante confusos, y en lugar de ayudarlos intentas actuar como ellos.»

Jenny se sentía especialmente violenta por el hecho de que Leonard diera largos paseos solo por la noche. De vez en cuando conocía a jóvenes adolescentes, se ponía a hablar con ellas, las hechizaba y las invitaba a tomar café a casa. En una ocasión vinieron un par de ellas, porque lo encontraron «adorable». Este incidente avergonzaba tanto a Jenny que no fue capaz de seguir hablando de ello. Llevada por una irritación creciente, dejó escapar que más valdría que Leonard estuviera muerto, en lugar de ir por ahí haciendo el ridículo. Se disculpó rápidamente y explicó que, en realidad, no lo decía en serio. «Después de tantos años de ser profesor y un hombre respetado y que todo el mundo nos conoce, no puedo comprenderlo. Ningún hombre de tu edad hace el idiota de esa manera.» Leonard seguía sentado en silencio mientras Jenny no dejaba de esperar que el terapeuta la respaldara en su creencia de que Leonard tenía un «problema de cerebro». Cuando no sólo no ocurrió así, sino que el terapeuta exhortó a Leonard a compartir sus sentimientos y enfrentarse a Jenny, se puso nerviosa y preguntó si todavía no había pasado la hora.

La reacción ante el comportamiento de Leonard, que tipifica la reacción con la que generalmente se encuentran los hombres de edad en nuestra cultura cuando manifiestan su interés por las chicas jóvenes, es un reflejo de las rígidas nociones de esta cultura sobre la conducta «adecuada para cada edad».

Se espera de los hombres mayores que encuentren satisfacción en la compañía de sus iguales, aun cuando estas relaciones les resulten aburridas y poco gratificantes, y a menudo se les tacha de «viejos verdes» y de «libertinos» por mirar y disfrutar, aun siendo de manera indirecta por lo general, de las jovencitas. Parece resultar especialmente amenazador para la familia del anciano, que se siente inquieta, angustiada y confusa si no se atiene a su previsible papel de «abuelito».

Una excepción de todo esto es el caso en el que el hombre de edad es poderoso, adinerado y/u ocupa una alta posición, y parece haber una mayor tolerancia social. Pero en otros casos el hombre mayor está expuesto a miradas avergonzadas y de resentimiento y a murmuraciones del estilo «a la vejez viruelas» cuando intenta divertirse con chicas más jóvenes.

Resulta particularmente angustioso cuando las jovencitas corresponden a su interés, aunque sólo sea de un modo festivo, y puede que un tanto burlón. De inmediato aparecen otras personas que quieren «proteger» al anciano de sí mismo. Si está actuando de manera desinhibida y espontánea se da por sentado que su comportamiento es impropio, y no que se trata de un renacimiento de la vitalidad y la excitación varoniles.

La ansiedad de la familia por su conducta refleja la necesidad que sienten sus miembros de asignarle un papel previsible, rígido y deprimente que se ajuste a sus necesidades, no a las de él. Parece evidente que se sienten más a gusto mostrándose «solícitos» y «preocupados» por las enfermedades y debilidades propias de su edad que compartiendo con él las alegrías de su espontaneidad y su interés sexual y curiosidad renovados.

WARREN P.

Edad: 30.
Profesión: director de una tienda de artículos deportivos.
Estado civil: separado.
Hijos: ninguno.

> «Estaba totalmente comprometido con ella. ¿No es eso lo que ustedes los psicoterapeutas dicen siempre que se supone que es la base de una buena relación?»

Warren P acudió al terapeuta porque su mujer de veintisiete años, pelirroja y de hermosas facciones, se sentía insatisfecha de su vida sexual. Aunque él decía que, por su parte, no tenía quejas, y que siempre se sentía excitado por ella, estaba dispuesto, dijo, a ayudarla en su «lucha» por superar su frigidez. Esta no era más que una de una larga serie de «luchas» que Warren emprendía para demostrar su devoción y dedicación a su mujer. Describió sus sentimientos hacia ella con lágrimas en los ojos. «Es casi como si yo fuera el jardinero y ella la semilla. Me siento satisfecho simplemente ayudándola a crecer y florecer.»

En muchos sentidos ésta era la esencia de sus cinco años de relación. Cuando él y su mujer, Jackie, se conocieron, él estaba especializándose en biología marina y tenía intención de dedicarse a la investigación submarina. Con su enorme talento para la inmersión submarina, esperaba que acabaría formando parte de un equipo que se pasaría períodos de tiempo bajo el agua explorando el fondo de los océanos.

En su primera cita, Jackie daba la impresión de ser extremadamente tímida y vulnerable. Para Warren éste era el epítome de la feminidad. «No era agresiva como las otras mujeres con las que he salido. Tenía una especie de fragilidad, de desamparo; una especie de sensibilidad que me excitaba muchísimo. Veía un gran potencial en ella para llegar a ser una mujer maravillosa, y recuerdo que me dije a mí mismo que si todo lo que hacía en mi vida era ayudarla a desarrollar este potencial, me sentiría más que satisfecho. No me importaba mi carrera: ese tipo de satisfacciones del ego no eran importantes para mí. Ella era lo único que importaba realmente.»

Un año después de conocerla se casaron y él se puso a trabajar como director de un establecimiento de venta y reparación de equipos de buceo. Cuando no trabajaba, se consagraba a Jackie. La animó a que fuera a la universidad a tiempo parcial. «Me parecía que era demasiado sensible para ir a jornada completa. No quería que la maquinaria de la educación la aplastara. Pero sabía que para ella era importante tener una mejor opinión de sí misma, porque sólo había llegado hasta la escuela secundaria y yo había ido a la universidad.» Por las noches la ayudaba a redactar sus trabajos.

Esa fue sólo una de las muchas maneras en que intentó ayudarla durante los cuatro años siguientes. Por ejemplo, un día, cuando la vio bailando por la casa, decidió que tenía un talento sin desarrollar. Así que la animó a que se matriculara en unas clases de danza moderna y le dijo que si estudiaba, estaba seguro de que acabarían por descubrirla.

También la acompañó al dentista para que le pusieran fundas en los dientes y a especialistas en dietética para resolver su problema de peso. Como tenía los pechos pequeños, llegó a plantear la posibilidad de que se hiciera un implante, pero a ella le dio miedo. Los sábados la llevaba frecuentemente a comprarse ropa, aunque su situación económica no era demasiado buena. «Me sentía bien al amar a alguien más que a mí mismo, para variar», decía. «Me hacía sentirme "puro" por dentro.»

Mientras tanto, descuidó sus propios intereses; renunció a su afición por la fotografía submarina, porque no había suficiente dinero para el material; engordó demasiado, porque no tenía tiempo para hacer ejercicio, y dejó de ver a la mayor parte de sus amigos íntimos, porque no tenía tiempo para estar con ellos y le parecía que realmente su mujer lo necesitaba más, y eso le producía satisfacción.

En un principio, cuando ella se quejó de que no era capaz de sentirse sexualmente estimulada por él, incluso le dio permiso para que tuviera amantes durante el día, mientras él estaba trabajando. «Me parecía que la experiencia podría ayudarle y estaba tan seguro de que me quería y dependía de mí que no me sentía amenazado.» Cuando eso no mejoró su vida sexual, se manifestó de acuerdo con intentar una terapia sexual con ella.

El proceso del tratamiento llevó finalmente a la discusión de otros temas con el terapeuta. Warren se quedó tremendamente asombrado durante una sesión cuando Jackie le dijo en un tono tranquilo y gélido que le odiaba por intentar corregirla. Le acusaba de ser una persona aburrida y comentó despectivamente el hecho de que hubiera dejado la universidad y sólo tuviera un trabajo en una tienda de material de submarinismo, cuando podría haber aspirado a más. Dio rienda suelta a su furia insultándole con sarcasmo por darle permiso para tener relaciones con otros hombres. «Los tipos con los que me acosté me decían que pensaban que eras un idiota y que si yo fuera su mujer nunca me dejarían hacerlo.»

Warren se sintió traicionado y herido por su arrebato, pero se consoló pensando: «Está descubriendo su furia y eso la ayudará a madurar.» Pero justo en el momento en que parecía estar empezando a ser una persona autónoma y él estaba dispuesto a hacer algo en su propio beneficio, ella le anunció que le dejaba. Se había enamorado de un hombre, dijo, «que no acepta que le humille, que no me trata como si fuera su hija, que me acepta tal y como soy, ¡y que me mataría si se me ocurriera mirar a otro hombre!»

Warren se pasó varios meses sin reaccionar, llorando y esperando que ella «recobrara el juicio» y volviera a casa. «Nadie va a quererla nunca como yo la quería. La aplastarán. Ya se dará cuenta.»

Warren era un ejemplo extremo de la ceguera masculina con respecto a la ilusión de «feminidad», la necesidad de buscar y mantener la fantasía de la mujer «real» como alguien frágil, vulnerable y necesitada de guía y protección. Con frecuencia, el proceder del varón le lleva a consagrarse completamente al bienestar, el desarrollo y la plena realización de su mujer. Esto refleja el temor del hombre a mostrarse agresivo con las mujeres. Sus defensas contra estos sentimientos operan de tal modo que transforman su agresividad en el impulso, más aceptado socialmente, de mostrarse superprotector con ella.

También refleja el odio que siente el varón por sí mismo, su tendencia a considerarse egoísta e insensible. Trata de superar estos sentimientos privándose de cosas para complacerla. Cuando está «enamorado», puede ponerse en segundo plano de manera desinteresada y sentirse justificado para negar sus propias necesidades y malograr su propio desarrollo en interés del de ella.

La conducta de Warren reflejaba también la necesidad de creer en la existencia de la mujer desprovista de agresividad. Como la agresividad femenina no se manifiesta de las maneras más directas, típicas del hombre, éste cree que las mujeres carecen totalmente de ella, especialmente la suya. Es incapaz de ver cómo se manifiesta su agresividad de mil maneras indirectas, incluyendo la de ejercer un poderoso control manipulador sobre él por medio de sus reacciones de «indefensión» y «fragilidad». Cuando posteriormente su furia y su rabia por fin se manifiestan directamente, como acabó ocurriendo con Jackie, él se siente sorprendido, abrumado e incrédulo. Tiene tendencia a sentir que se lo ha merecido y que ha debido de presionarla mucho para que ella haya llegado a este punto o simplemente que ella está temporalmente fuera de sí.

El hombre es vulnerable también en la relación con la mujer, porque niega sus propias necesidades de dependencia. Inconscientemente, tiene tendencia a satisfacer estas necesidades de manera vicaria e indirecta, permitiendo que la mujer dependa de él. En cierto sentido, ella está encarnando la parte más necesitada y reprimida de él y él está obteniendo una gratificación indirecta. El continúa alimentando la ilusión de que la dependencia es una vía de una única dirección hasta que la relación se ve amenazada o ella lo abandona. Entonces, con frecuencia, descubre que, en realidad, era él el más profundamente dependiente de los dos. Esto está directamente vinculado con la tendencia del hombre a relacionarse con su pareja femenina como si fuera un niño, para acabar descubriendo quc clla cs, cn muchos aspectos fundamentales, menos vulnerable e infantil que él.

ANTHONY S.

Edad: 51.
Profesión: productor de una compañía discográfica.
Estado civil: divorciado.

Hijos: hijo, 16 años; hija, 13 años; hija, 11 años.

«Soy como un papá para estas fans quinceañeras. Les compro cosas y ellas harían cualquier cosa por mí: chupármela en la cabina de grabación, si eso es lo que quiero.»

Anthony S. nació en Nueva York, era un hombre que no pasó de la escuela secundaria y que se había hecho a sí mismo. Empezó su vida laboral haciendo trabajos humildes en una tienda de ropa. Allí se hizo amigo de algunos negros que le contagiaron su afición al *soul,* la música de los intérpretes negros de *blues.* Se sentía atraído por esta música a causa de una profunda empatía con el perdedor y la rabia y el resentimiento contra «el sector de población satisfecha de sí misma, apática y privilegiada».

Decidió que su misión en la vida sería atraer la atención de los blancos hacia esta hermosa y conmovedora música. Así que se asoció con su mejor amigo, un chico de su barrio al que conocía desde los once años. Juntos se dedicaron a buscar talentos inéditos en los pequeños clubes de Harlem, del sur de Chicago y de ciudadanos del sur. Su socio se ocupaba de los aspectos comerciales mientras que Anthony se encargaba de la parte artística: grabar a los artistas.

Aunque fundó la compañía discográfica con la noble intención de realizar una contribución social ayudando a músicos desconocidos a llegar al gran público, su actitud empezó a cambiar lentamente. «No lo conseguiré nunca a menos que acepte las realidades de este negocio y deje de hacer de hermanita de la caridad», comenzó a decirse a sí mismo. Empezó a abordar los negocios de modo cada vez más implacable. Empezó a firmar contratos que explotaban totalmente a los artistas desconocidos: contratos a largo plazo que le concedían a él todas las opciones y la mayor parte del dinero y no ofrecían al artista casi ninguna garantía ni ventaja. El justificaba su actitud ante sí mismo diciéndose: «Yo asumo todos los riesgos para presentar a estos tipos. Ya ganarán dinero con las actuaciones en vivo.»

Se había iniciado en el negocio por su amor a la música.

Pero cada vez se sentía más interesado por el dinero y el poder, y acabó contratando a otras personas para llevar la parte musical que antes tanto le gustaba. No estaba de acuerdo con el planteamiento «ñoño» de su socio con relación al negocio, y después de dieciséis años de trabajar juntos, estos amigos del alma ya no se hablaban. Cada uno de ellos creía que el otro intentaba quitarle de enmedio. Se enzarzaron en una prolongada lucha que provocó la ruina del negocio, que acabó declarándose en bancarrota.

Anthony estaba casado y tenía tres hijos en aquel momento. Su mujer, una aristocrática belleza del sur, se sintió profundamente agraviada cuando su marido, en su afán desesperado por ganar dinero y mantener su nivel de vida, se dedicó a la comercialización ilegal de grabaciones piratas. Grababa discos publicados por las compañías más importantes, hacía sus propios discos y los vendía «clandestinamente» a tiendas de discos o se anunciaba en pequeñas cadenas de televisión del país.

Finalmente, Anthony acudió al terapeuta por consejo de su urólogo. Hacía un año que se había vuelto impotente. Su mujer, que se sentía socialmente avergonzada de las actividades de su marido, se marchó a casa de sus padres con sus hijos, en Georgia. Mantenía a los niños apartados de él, así que había acudido a los tribunales para obtener la custodia. En aquel momento estaba terriblemente adeudado y comenzaba a sentirse desesperado ante el desmoronamiento de su vida. Además, había engordado casi cuarenta y cinco kilos.

En su primera sesión de terapia se mostró tranquilo y cauteloso y hablaba con voz ronca. Era evidente que se sentía avergonzado por estar allí. Dijo: «La terapia es para mujeres que quieren llorar y que alguien les haga caso.» Le había suplicado a su urólogo que le recetara inyecciones o incluso que le operara para recuperar su potencia sexual. Sin embargo, éste le dijo que no daría resultado. Para su mentalidad, una operación o unas inyecciones eran un método más «masculino» de tratar el problema que hablar de sus sentimientos.

Parecía hacer grandes esfuerzos por respirar mientras daba chupadas a sus cigarrillos y hablaba: «Lo había conseguido. Cuando empecé, no tenía nada. Luego, de repente, todo se convirtió en una pesadilla. Mi socio estaba jodiéndome y yo le devolvía la pelota. Los músicos negros a los que antes quería y ayudaba empezaron a odiarme a muerte. Mi mujer, que yo había creído que estaría siempre de mi lado, no pudo soportarlo cuando me arruiné y me puse a intentar ganar dinero pirateando discos. Traté de encontrar un trabajo normal y decente, pero en cuanto se enteraban de mi edad se volvían fríos como el hielo. Así que me metí en el negocio de los discos pirata para poder pagar las facturas y ella se marchó con los niños. De todos modos, nuestra relación no iba bien. Hacía más de un año que no conseguía tener una erección con ella. Supongo que simplemente se hartó. Ahora he vuelto al negocio discográfico y estoy rodeado de estas adolescentes. No tengo miedo de que me pillen pirateando discos, pero uno de estos días puedo encontrarme con una acusación de violación y me meterán en la cárcel y tirarán la llave.»

Aunque había empezando su vida lleno de buenas intenciones, veinticinco años después de todo estaba destrozado: su amor por la música, su amistad, su familia. Adelantó: «Algo salió mal.»

La situación de Anthony es una muestra de cómo la atracción del varón por el éxito profesional puede destruir gradualmente las alegrías intrínsecas que se encontraban en el origen de su empresa. En el caso de Anthony su amor por la música quedó totalmente sofocado en el proceso de tener que hacer frente a las «realidades» de los negocios y la competitividad. Su experiencia no es una excepción, también es igual de frecuente entre muchos médicos, abogados, profesores de universidad, artesanos o artistas. En la mayoría de los casos las motivaciones positivas originales y la satisfacción y el placer que obtienen de su trabajo se deterioran progresivamente para acabar en una cínica búsqueda del dinero, la seguridad, la posición social y el poder.

Una de las tendencias típicas del impulso de supervivencia económica es la de deteriorar las amistades entre hombres, al provocar una profunda desconfianza y alejarlos gradualmente. En el caso de Anthony acabó apartándose de su mejor amigo y de los músicos por los que al principio sentía un sincero afecto.

Con frecuencia, debido a su esfuerzo por mantener un alto nivel económico, el varón también se aparta poco a poco de su familia. Esto representa un trago especialmente amargo si consideramos la ilusión masculina de que todo lo hace por su mujer y sus hijos. Cuando éstos lo abandonan o lo desprecian por ello, resulta una experiencia especialmente dolorosa para él.

El problema de obesidad de Anthony, producido por su apetito compulsivo, y sus amoríos potencialmente autodestructivos con chicas muy jóvenes pueden considerarse en parte como una forma de regresión psicológica, un deseo inconsciente de destruir un estilo de vida contraproducente unido al ansia de disfrutar de algunos placeres primarios e intrínsecamente satisfactorios como comer y sentirse joven y espontáneamente sexual. En cierto modo, puede considerarse un deseo de volver a ser niño, de volver a empezar de cero en un mundo lleno de placeres más inmediatos y auténticamente satisfactorios.

A pesar de los desastres de su vida, Anthony se resistió a la idea de buscar ayuda de un psicoterapeuta hasta el último momento. Para él, hablar de los sentimientos era algo vergonzoso, «cosas de mujeres». Hubiera preferido mejor un planteamiento más médico, una inyección o incluso una operación, de haber existido tales alternativas. Una vez más, Anthony no era más que un ejemplo extremo de la propensión del varón a resistirse a pedir ayuda en el seno de una relación y la gran vergüenza que le producía tener que explorar sentimientos y reconocer su importancia en la formación de las circunstancias de su vida. Los temas predominantes de su vida son bastante frecuentes, sólo están llevados algo más al extremo que en la mayoría de los hombres.

GERALD B.

Edad: 41.
Profesión: contable.
Matrimonio: 17 años.
Hijos: hija, 16 años; hijo, 13 años.

> «Me siento como si estuviera rodeado por un escudo invisible. Grito pidiendo atención, pero nadie me oye.»

Gerald B, bajo, menudo y con cabellos que comenzaban a ponerse grises, vivía con su mujer y dos hijos a las afueras de una gran ciudad del medio oeste. Todos los días hacía un trayecto de cuarenta y cinco minutos en coche para ir a trabajar en una gran empresa de transportes por carretera situada en el centro de la ciudad.

Acudió al terapeuta sólo cuando estaba a punto de tocar fondo, como la mayoría de los varones adultos. En la primera sesión se describió a sí mismo como «adicto al trabajo». Se sentía insensible, deprimido y totalmente aislado. Dijo que tanto en el trabajo como en casa se sentía como si fuera invisible. Su relación con su mujer, que antes era placentera y gratificante, se había convertido cada vez más en algo mecánico y repetitivo. Habían dejado poco a poco de hacer las cosas que antes disfrutaban haciendo juntos: viajar, salir a cenar, jugar al tenis y leerse en voz alta.

Su vida social con los vecinos y los viejos amigos era prácticamente inexistente, a excepción de alguna salida de compromiso de vez en cuando como una barbacoa de su empresa, una reunión política en el barrio o una reunión de padres en el colegio. En las primeras etapas de su matrimonio su mujer había criticado su desaliño en el vestir, la manera de sentarse en los sofás de sus anfitriones, sus modales en la mesa y su tendencia a utilizar palabras «soeces». En ocasiones bebía demasiado y se ponía «tonto», y eso la avergonzaba. Por tanto, las salidas llegaron a ser demasiado dolorosas para ella y demasiado aburridas para él. Así que renunciaron a ellas por completo.

Su vida familiar estaba marcada por la rigidez de las funciones. El desempeñaba la de buen proveedor y padre estable. Ella la de eficaz ama de casa y madre protectora. El apenas tenía ya relación con los niños, porque se habían peleado a causa de sus diferentes opiniones con respecto a su educación y había decidido que se estaba mostrando demasiado egoísta. Su trabajo era su territorio y la casa el de ella.

En consecuencia, se mostraba cada vez más pasivo en casa, pasando gradualmente a un segundo plano. Su relación con los niños consistía principalmente en hacer de chófer de vez en cuando y darles dinero. Casi ni le saludaban cuando llegaba a casa por las tardes; no había ningún grito de «¡Papá está en casa! ¡Ha llegado papá!», como los que había oído de pequeño en su casa.

La vida sexual con su mujer, Gloria (que era virgen cuando se casaron), para empezar, nunca fue muy aventurada y ahora era mecánica. Lo «hacían» una vez cada pocas semanas, siempre en la misma posición, siempre rápidamente y sin exteriorizar de ningún modo sus sentimientos. Durante algún tiempo había intentado leerle y enseñarle libros sobre el sexo. Le traía regalos sorpresa para intentar estimular de algún modo su relación, pero nada daba resultado. El moderaba la declaración abierta de sus necesidades sexuales, porque no quería que ella pensara que era «lascivo» o un «animal». Acabó por renunciar a sus intentos de excitarla y se masturbaba en el baño cuando ella se quedaba dormida.

Siempre se había tomado su trabajo muy en serio y en él invertía la mayor parte de sus energías; tan en serio que, con frecuencia, seguía trabajando durante el descanso para el desayuno y comía en su misma mesa de trabajo. Nunca aprendió el juego que él llamaba «sonreír y estrechar manos». Los demás empezaron a pensar que no quería ser molestado y le resultaba casi imposible tomar la iniciativa de llamar a alguien para salir a comer, porque estaba seguro de que le consideraban aburrido y de que no le gustaba a nadie. Además, en el pasado había echado a perder varias oportunidades al olvidarse totalmente de que tenía una cita para comer. Por consiguiente, en la oficina se dedicaba a trabajar continuamente e intentar agradar a los demás poniéndose a su disposición cuando necesitaban ayuda. Tenía la impresión de que la gente sólo se acercaba a él cuando quería algo. Aunque esta situación le producía resentimiento, no sabía cómo salir de ella. ¿Qué podía hacer realmente para solucionarlo?

Creía firmemente en las virtudes y recompensas del trabajo duro y de un modo de vida moral. Ahora le parecía que ésta no le ofrecía ninguna compensación. Sus hijos eran casi adultos y le miraban como a un desconocido. Su relación con su mujer era rígida y se había estancado. Aunque antes fantaseaba y tenía erecciones cuando miraba a las secretarias sin sostén, eso también había dejado de excitarle.

La idea del suicidio ya no le horrorizaba ni asustaba. De hecho, en su primera sesión le dijo al terapeuta que era la única idea consoladora que le quedaba.

Como la mayoría de los hombres, Gerald B había sido educado en la necesidad y la importancia de invertir sus energías en el trabajo. Estaba tan comprometido con las virtudes de la responsabilidad y de conseguir la seguridad que poco a poco se fue distanciando de sus amigos, sus compañeros de trabajo y su familia, y renunció a la posibilidad de hallar gratificación satisfaciendo cualquier otra necesidad. Su diligencia y su manera compulsiva de trabajar para desempeñar su función de proveedor competente lo llevaron a encerrarse en un mundo sin gente. Como muchos hombres que se aislan de este modo, siempre había estado muy ocupado con su trabajo, o abriéndose paso en medio del tráfico para llegar a casa y desempeñar su función de padre servicial y siempre presente. Aunque en casa se mostraba pasivo, se habría sentido culpable si no hubiera estado allí todas las noches.

No era capaz de reconocer su propia furia ante su aislamiento en casa y en el trabajo. En lugar de ello, llegó a la conclusión de que fallaba en algo; era una especie de paria, que resultaba poco agradable a los demás, aunque era incapaz de comprender la razón. Se esforzaba mucho y daba a la gente todo lo que tenía. Qué más podía hacer, se preguntaba.

Como hombre típicamente encerrado en sí mismo, sólo podía conjeturar lo que los demás pensaban de él. No se hubiera atrevido jamás a preguntarlo directamente, ni era capaz de comunicarles sus sentimientos hacia ellos. Nunca pudo decidirse a decirle a alguien si le gustaba o no. Se trata de una manifestación típica del miedo del varón a comunicar sus sentimientos abiertamente a los demás de manera personal.

Como muchos hombres, renunció a participar activamente y a hacer valer su opinión sobre las decisiones relativas a la crianza de los niños y la vida familiar, y adoptó una actitud cada vez más pasiva. Como muchos otros hombres, sentía la típica culpabilidad de tener el «privilegio» de trabajar y, por tanto, le parecía que su mujer debía tener derecho a controlar su territorio: el hogar. Además, como es también característico en ellos, le parecía que las mujeres realmente saben más sobre la educación de los niños y daba por supuesto que su influencia sólo sería un estorbo. Tenía la típica impresión desesperante de ser poco más que el proveedor del sustento.

El miedo condicionado del hombre a mostrarse agresivo hacia una mujer también afectaba gravemente a la relación son su mujer. Era la única persona del mundo que estaba cerca de él, y con el paso de los años fue sintiendo un creciente temor de que si se enfrentaba a ella con todo su resentimiento y descontento podría perderla y quedarse totalmente solo. Tampoco pudo decidirse nunca a hablar de forma directa de sexo, porque ella era una «buena mujer». A pesar de lo que había leído sobre la llamada liberación sexual, tenía la impresión de que, para ellos, era ya demasiado tarde. Se las arreglaba con lo poco que tenía y rellenaba los huecos con la masturbación.

Su sensibilidad ante las críticas de su mujer por sus modales y su aspecto, y la impresión de que podría tener razón, fueron las causas de su retraimiento. Al igual que la mayoría de los hombres, no tenía confianza en sus propias reacciones en sociedad y le parecía que no bastaba con ser natural cuando estaba en casa de otra persona o incluso en la suya cuando había invitados. Como no obtenía ningún placer con la alternativa que le quedaba, que es la charla insustancial de las reuniones sociales, no tenía vida social. Aunque antes de su matrimonio tenía muchos amigos varones, con el paso del tiempo, debido a su fuerte compromiso con el trabajo y su sentido de la responsabilidad hacia su familia, dejó de tener amigos íntimos de su mismo sexo.

Gerald B sentía que su vida ya no tenía ningún sentido. Se sentía traicionado por la vida porque había hecho todo lo que había aprendido que debe hacer un hombre y no había obtenido ningún resultado positivo.

PHILIP F.

Edad: 31.
Profesión: contratista eléctrico.
Estado civil: separado.
Hijos: hijo, 3 años.

«Haría cualquier cosa para que volviera. Por favor, dígame cómo tengo que cambiar.»

Philip F se enteró por casualidad de que su mujer, Cindy, tenía un amante. Cuando le pidió explicaciones, le sorprendió que ni siquiera lo negara. En cambio, le dijo que ya no aguantaba más su situación de madre y esposa, y que creía que estaba al borde de una crisis nerviosa. Aseguraba que no estaba enamorada del otro hombre, pero que tenía que alejarse una temporada para «pensar las cosas». Philip le preguntó implorante si seguía queriéndole y su respuesta fue: «La verdad es que ahora mismo no sé lo que siento. Estoy demasiado confusa.» Philip intentaba descubrir cualquier signo, una mirada, una palabra que él pudiera interpretar como señal de que todavía lo quería.

Philip F acudió al terapeuta presa de fuertes temblores. Enumeró todos sus horribles defectos: autoacusaciones que originalmente habían sido las acusaciones que le había hecho su mujer. Era demasiado despegado, egoísta y narcisista; se obsesionaba en exceso con su trabajo. Le suplicó que le indicaran el modo de cambiar para hacerla volver.

Comenzó diciendo: «Hace cinco años dejé a mi primera mujer para estar con Cindy, menos de tres semanas después de conocerla. Tenía algo mágico. Siempre decía la frase adecuada en el momento adecuado. Era hermosa y atractiva. Me decía que yo le provocaba escalofríos por todo el cuerpo y que era el primer hombre que la excitaba de verdad. Decía una y otra vez: "Cariño, te quiero tanto."

»Supongo que en el fondo sabía que era demasiado bueno, demasiado irreal para durar. Los otros hombres siempre se la quedaban mirando y yo sabía que a ella le encantaba. Sus canciones favoritas siempre hablaban de vivir y amar en el momento y olvidarse del mañana. Y casi siempre era yo el que tenía que hablar porque ella se quedaba sentada mirándome con expresión de adoración y luego decía algo que me hacía sentirme como el tipo más fuerte, más hermoso y equilibrado del mundo.

»Pero aun así algo no iba bien. Quedaba conmigo a las siete y aparecía a las nueve, o me pedía que la llamara del trabajo a determinada hora y no estaba en casa. Siempre tenía una buena excusa y me tomaba el pelo por mostrarme ansioso. Pero yo tenía la sensación de que concentraba toda su atención en cualquier cosa que se le pusiera por delante.»

La desagradable sorpresa se produjo tres semanas después de que Cindy se hubiera marchado sin dejar a Philip su dirección. Quedaron para cenar una noche, se pusieron a hablar de sexo y Cindy le confesó que nunca, ni siquiera al principio, había tenido un orgasmo con él. Todo ese tiempo él había creído que era capaz de excitarla tremendamente. Luego le dijo que le parecía que había sido un error haber tenido un niño y que quería que Philip se lo quedara. Esto destrozó a Philip. En un principio era ella la que quería el niño, no él. El sólo accedió porque pensó que era importante para ella, y ahora quería apartarse de todo.

Durante los dos meses siguientes Philip pasaba alternativamente de la desesperación más profunda a la culpa y una rabia asesina. En un momento determinado quiso matar a Cindy y a su novio. A pesar de estos sentimientos, aunque el bebé estaba con él y ahora ella estaba viviendo con otro hombre, seguía enviándole dinero para su manutención todos los meses. «Quería que supiera que comprendía que tenía problemas y que no iba a abandonarla.» El se aferraba a la convicción de que todo formaba parte de una crisis nerviosa y que saldría de ella y volvería a su lado.

En la terapia, Philip pudo llorar cuando recordaba cómo se agarraba a él, acariciándole y llamándole «cariño, cariño», y lo especial que le hacía sentirse. «Era como una droga y yo era un adicto. Bastaba con que me tocara para que me sintiera como *supermán*.» Pero cuando el terapeuta le pidió que describiera a Cindy como persona, Philip sólo pudo hacerlo muy vagamente. En realidad, era un misterio y una sombra para él.

«Sobre todo se limitaba a escucharme y a enviarme todas

esas vibraciones amorosas. Pero nunca hablaba mucho de ella misma.»

Cindy le tuvo pendiente de ella más de un año. Cada vez que decidía no volver a verla, ella lo llamaba y le decía que lo echaba de menos y que sabía lo doloroso que debía ser para él. De vez en cuando iba a verle, se acostaba con él y luego volvía a su casa. Después no volvía a saber nada de ella durante días o semanas. Le hacía concebir esperanzas diciéndole lo mal que iba su nueva relación y que, en realidad, no mantenía relaciones sexuales con su novio. Philip la creía, aunque sabía que no era verdad. De algún modo ella siempre era capaz de decir lo que él necesitaba escuchar en el momento oportuno. El sabía que lo hacía, pero no podía evitar creerla a toda costa. Quería creerla.

Philip le pedía que volviera a casa y ella le decía que aún no estaba preparada. Necesitaba más tiempo para pensar. Esto ocurría un año y medio después de abandonarle para «pensar» durante algún tiempo.

Finalmente, Philip empezó a darse cuenta de que no estaba utilizando la terapia para cambiarse a sí mismo, sino para encontrar una manera de hacerla volver junto a él, y también de que ella supiera que si volvía, él sería un hombre nuevo. En consecuencia, no estaba cambiando en absoluto. Se limitaba a mantener el estado de cosas y a esperar. Ella le daba unas migajas de amor de vez en cuando y él no quería renunciar a la fantasía de que acabaría por entrar en razón. Intentó salir con otras chicas, pero sus pensamientos siempre volvían a ella.

Philip ejemplifica una propensión sorprendentemente común en el varón. Tenía una fijación y se sentía fascinado por una mujer que le había rechazado. Y parece que cuanto mayor es el rechazo, más se aferra a ella y más «enamorado» cree estar.

Este fenómeno parece tener dos facetas. Por una parte, se nutre de la excitación que produce el desafío en el hombre y, al mismo tiempo, la mujer puede tener también una manera de «adorarle» que se nutre de la necesidad del varón de creer en la «mujer mágica», la mujer que es capaz de ver al superhombre que hay en él y lo adora por ello. Esta necesidad es la causa de que sea incapaz de ver cómo es realmente este tipo de mujer y asimismo es la causa de que crea en lo increíble. También se nutre de su fantasía de omnipotencia: la tendencia a distorsionar de tal manera su percepción de la mujer que cree firmemente que es imposible que quiera a nadie más, y que si lo hace sólo es porque está intentando castigarle.

Philip personifica también una ignorancia de la sexualidad femenina bastante común entre los varones, lo que posibilita que se engañe a sí mismo y crea que ella tiene unos orgasmos maravillosos cuando, en realidad, sólo está fingiendo sus reacciones. No es más que un ejemplo de la incapacidad global del varón para interpretar correctamente a la mujer. Cuando Cindy dijo que quería tener un niño, aunque Philip no quería, llegó a pensar que ella tenía razón, que sus necesidades maternales tenían que ser satisfechas, así que estaba de acuerdo. Quería demostrarle que la quería. La conmoción llegó cuando descubrió que su resistencia original a tener un niño era correcta y que, a pesar de sus fantasías sobre las cualidades maternales de su mujer, lo cierto es que ella no disfrutaba de la maternidad.

A causa de su necesidad de sentir que él ocupa la posición central, es incapaz de conocer a la mujer objeto de su fijación y, por tanto, se siente conmocionado cuando se entera de que tiene un amante. Incluso entonces, con frecuencia, tiende a no creerla y a imaginarse que sólo está diciendo eso para excitarlo o provocarlo, y que, en realidad, no podría amar a otro hombre.

Por último, Philip es un ejemplo típico de la manera de abordar la terapia del varón en estas situaciones, cuando una relación importante se está derrumbando. Acude buscando maneras de cambiar para recuperar a su mujer y no para cambiar en beneficio de su propio desarrollo como persona.

Muchos de los supuestos problemas emocionales de un hombre no son sino crisis de crecimiento. Son quiebras de sus defensas creadas por la insistente presión de su centro emocional reprimido. Estas defensas le impiden verse a sí mismo o a los demás de forma realista, como personas completas. Con frecuencia, sufre una crisis en un período de su vida en el que las perspectivas de que se produzca un auténtico cambio le atemorizan, porque ha invertido demasiado en sus ilusiones como para estar abierto al desarrollo y al cambio.

El efecto de la «ayuda» que a menudo le prestan los familiares y amigos bienintenciados es como el de una tirita. Lo animan a que supere o controle sus síntomas o a que remiende los pedazos para que todo quede lo más parecido posible a como estaba antes, en lugar de aprender a comprender los síntomas como la manifestación de una exigencia interna de una nueva plenitud emocional. El varón de nuestra cultura tiene que aprender a prestar atención y a respetar esas crisis, que señalan el comienzo de un renacimiento que le convertirá en una persona plena. Debería enseñársele a alegrarse de sus crisis por las importantes verdades que le revelan y el despertar que presagian.

VI. LOS DILEMAS SIN SALIDA

En nuestra cultura, el hombre se encuentra atrapado en numerosos dilemas irresolubles del tipo: «Te condenas si lo haces y te condenas si no lo haces.» Se ve continuamente afectado por estas tremendas incoherencias: entre lo que ha aprendido de niño sobre el comportamiento «masculino» y lo que se espera de él de adulto; entre sus necesidades internas y las presiones sociales, y entre las expectativas contradictorias de las numerosas funciones que tiene que llevar a cabo. Se encuentra dividido psicológicamente por estas numerosas exigencias contradictorias. Para sobrevivir, se ve obligado literalmente a funcionar como una máquina, desligado de sus emociones y extremadamente reprimido. En otras palabras, la fachada tradicional del hombre: frío, distante, controlado, cauteloso y sin ataduras, es un mecanismo protector que le permite responder de manera sencilla a las señales o datos del exterior, como un ordenador programado, en lugar de tener que debatirse entre continuos conflictos y ambigüedades.

El primer paso para enfrentarse a ese fenómeno es el de reconocer y admitir abiertamente la existencia de estos dilemas.

La educación del hombre tiene una fuerte impronta femenina. Sus relaciones emocionales más profundas y algunas de sus influencias más hondas son las de su madre, su abuela y su profesora, que con mucha frecuencia es una mujer. Hay muchas probabilidades de que la figura del padre permanezca en un segundo plano, al estar en casa sólo durante períodos de tiempos relativamente cortos durante la semana y con frecuencia tan absorto en sus problemas que apenas participe en las actividades domésticas. Por tanto, el niño está siendo condicionado por la identidad femenina una gran parte del tiempo. Como por arte de magia, cuando llega a la edad de cinco o seis años se espera de él que se convierta en «todo un chico». El fuerte componente femenino de su identidad ha de ser reprimido. Si lo manifiesta o se porta de un modo femenino se expone a ser objeto de burlonas suposiciones, al ridículo y a insultos llenos de hostilidad como «nena» y «marica».

Por tanto, para sobrevivir en esta cultura el hombre debe repudiar y negar una parte fundamental de su identificación más profunda. Lo hace por medio de una defensa que los psicólogos denominan *formación de reacción*, una manera de pasar al extremo opuesto. El resultado es una forma de relación muy machista, la postura del superhombre. El precio es un rígido y excesivo control de las emociones y la negación de una parte de sí mismo.

Haga lo que haga pierde. Si se mantiene en contacto y expresa su componente femenino, puede ser víctima de fuertes sentimientos de ansiedad y humillación; si consigue reprimir, repudiar y negar esta parte vital de sí mismo, tendrá que vivir como una persona incompleta, alienado de una parte importante de sí mismo y, por tanto, susceptible de volverse rígido en sus emociones y relaciones interpersonales y a numerosos problemas psicológicos y psicofisiológicos derivados de esta represión.

El dilema cinético

De niño se le alentará y alabará por mostrarse dinámico, activo, bullicioso, juguetón y por servirse de su fuerza física y su agilidad. Esta actitud le definirá como un «auténtico chico». Sin embargo, para alcanzar el éxito en el colegio y más adelante en las profesiones cualificadas de clase media, tendrá que reprimir esa actividad física. Por ejemplo, tendrá que quedarse quieto en una silla durante largos períodos de tiempo, mostrarse pasivo e inactivo físicamente cuando siente la necesidad de hacer todo lo contrario. Quizá empiece a fumar, beber café continuamente, beber o atiborrarse de comida para distraerse y embotarse lo bastante y hacer más tolerable el hecho de estar confinado y enjaulado.

Haga lo que haga, pierde. Si se mantiene en contacto con su necesidad de estar físicamente activo, moverse y utilizar su cuerpo y la expresa libremente, puede encontrarse con más problemas en el colegio y el trabajo. Se le considerará «inquieto», con problemas de conducta, poco disciplinado, hiperactivo, inadaptado, etc. Por otra parte, si llega a ser capaz de adaptarse cómodamente, lo más probable es que sea a fuerza de negar la existencia y las necesidades de su cuerpo. En consecuencia, tenderá a convertirse en un prototipo del típico hombre de mediana edad que experimenta una drástica decadencia física en un período de tiempo relativamente corto una vez pasada su juventud.

El dilema de los sentimientos

A lo largo de toda su vida, si expresa abiertamente sus sentimientos y llora, grita, se muestra sensual, etc., con facilidad, puede ser considerado «desequilibrado» o «neurótico». Si controla con cuidado sus sentimientos, inevitablemente se volverá cauteloso, misterioso y desconocido desde un punto de vista emocional, para sí mismo y para los demás, y se le considerará «frío» e incluso hostil.

Haga lo que haga, pierde. Si expone públicamente sus sentimientos, se le considera inmaduro y carente de autocontrol. Si reprime sus emociones, se le considera reservado, distante y excesivamente controlado.

El dilema de la imagen del héroe

Durante su crecimiento, al varón se le pondrá como ejemplo la imagen del «héroe», el epítome de la conducta masculina. Esta implica una disposición por su parte a correr graves riesgos y aceptar desafíos a su masculinidad, aun cuando al hacerlo pueda sufrir algún daño. La conducta «valerosa» implica a menudo la negación del miedo instintivo y el tirarse de cabeza en situaciones innecesariamente peligrosas para demostrar su valor. Por tanto, para hacerse valer como hombre puede adoptar una actitud peligrosa y potencialmente autodestructiva; por ejemplo, si es desafiado por otro hombre y no acepta el desafío, aunque la derrota parezca segura, puede acusarse a sí mismo de cobardía. Cobarde, en nuestro idioma, es un adjetivo que se aplica casi exclusivamente a los hombres y resulta especialmente destructivo para la imagen que tiene sobre sí mismo.

Haga lo que haga, pierde. Si acepta el desafío, asume los riesgos y se enfrenta a los peligros sin retroceder, es muy probable que acabe por adoptar actitudes que le perjudiquen. Si se resiste o rehúye los desafíos que se le presentan, se enfrenta al rechazo y la actitud acusadora de otros varones jóvenes, sobre todo sus compañeros, que le tacharán de «cobarde», «gallina» y «nena»: acusaciones que tendrán un efecto devastador en su propia imagen.

El dilema del compañerismo

Cuando el varón está en la niñez, se le alienta a jugar sobre todo con otros niños. Se le exhorta continuamente a participar y disfrutar de las actividades «masculinas», a evitar «jugar a las casitas», con muñecas o a quedarse en casa ocupado en juegos pasivos y tranquilos. Provocará mucha preocupación y ansiedad a sus padres si disfruta de la compañía de las mujeres, o peor aún, si la prefiere. Sin embargo, a medida que va madurando y se convierte en un hombre adulto, empieza a esperarse de él exactamente lo contrario. Si prefiere o incluso parece disfrutar demasiado de la compañía de otros varones se le considerará inmaduro y posiblemente homosexual. En lugar de ello, sobre todo en su condición de hombre casado, debe aprender a disfrutar de «jugar a las casitas» y a hacer de su mujer su principal compañera y amiga. Se siente obligado a incluirla y a integrarla en sus actividades del tiempo libre, que de niño estuvo condicionado a compartir fundamentalmente con otros chicos. Estas expectativas entran dentro de la definición social tradicional del varón maduro.

Haga lo que haga, pierde. Cuando el varón es adulto, si su conducta sigue la línea de sus primeras experiencias se le considerará inmaduro, con una actitud hostil y de rechazo hacia las mujeres, un homosexual latente o un machista, sobre todo si está casado. Si se porta de la manera que se espera de él, lo hará a fuerza de negarse a sí mismo una intrínseca fuente de placer. A menudo se sentirá, de manera repentina y sin razón aparente, resentido, aburrido y frustrado. Finalmente, puede llegar a una solución típica masculina pasiva-agresiva; es decir, no hará las cosas que realmente quiere hacer, pero tampoco participará sinceramente ni disfrutará plenamente de las actividades que comparta con su mujer. En lugar de ello funcionará de un modo relativamente distante y pasivo, quedándose sentado en casa o donde sea sin hacer nada. No va a disfrutar de lo que quiere, pero su mujer tampoco.

El dilema de la educación de los niños

Si como padre está muy dedicado a su familia e intenta participar activamente en la educación de los niños, puede no estar de acuerdo con su mujer sobre la filosofía y las actitudes de esta educación. Ella sentirá resentimiento hacia él por entrometerse, por no apoyarla y crear disensiones. Si renuncia a participar y se mantiene apartado, intentando no entrometerse, permitiendo con ello a su mujer convertirse en la autoridad principal en la educación de los niños, puede provocar resentimientos por ser un padre pasivo y poco participativo, y su influencia en la familia y la profundidad de la relación con sus hijos disminuirá cada vez más.

Haga lo que haga, pierde. Si intenta participar activamente en la educación de los niños puede provocar resentimientos por su influencia perturbadora. Si intenta mantenerse al margen, puede provocar resentimientos por ser un padre pasivo y poco participativo.

El dilema de la identidad

En el trabajo, si está orientado hacia el éxito y los logros profesionales, se convertirá en una persona dominante, agresiva y emocionalmente controlada y distante. Pero en casa con su familia intentará mostrarse tierno, comprensivo, sensible, desinteresado, cálido y cariñoso.

Haga lo que haga, pierde. Si intenta ser una persona emocionalmente coherente, unificada y plena, será o bien demasiado blando en el trabajo o demasiado severo en casa. Si intenta ser todas las cosas a la vez, agresivo en el trabajo y amante en el hogar, tendrá que dividir su personalidad, controlando y dirigiendo sus reacciones en cada lugar y pagando el precio de controlarse en exceso y ser sólo parcialmente él mismo en cada uno de estos lugares.

El dilema de la autoridad

En su trabajo o en casa, si se esfuerza por ser democrático, intentando sinceramente considerar las necesidades de los demás y reconciliar los sentimientos de las diferentes personas, puede ser considerado indeciso e incluso débil. Si asume el papel de líder directo y se muestra decidido, puede ser considerado autoritario y los demás pueden desarrollar una aversión hacia él.

Haga lo que haga, pierde. Si se muestra sensible a las opiniones y necesidades de los demás, se expondrá de forma inevitable a vacilaciones, y su capacidad de decisión se resentirá. Si asume la responsabilidad y el liderazgo, puede ser considerado arbitrario, insensible ante los demás y dominante.

EL DILEMA DEL CABEZA DE FAMILIA

Para ser un padre y marido aceptable, el hombre adulto aprende que debe proporcionar a su familia la mejor vida posible. Será admirado y alabado por ser un buen proveedor de su sustento y un competidor capacitado. En el transcurso de su lucha para que la «buena vida» se haga realidad, tendrá que enfrentarse a las quejas de sus familiares de que no participa lo bastante en su vida. Dirán que siempre está ocupado o cansado, que trabaja demasiado y que, en general, descuida sus obligaciones de marido y de padre. También tendrá propensión a acusarse y a cuestionarse a sí mismo cuando ceda ante las compulsivas e interminables rutinas que le exige la supervivencia material, rutinas que hacen cada vez más difícil su participación activa en la vida familiar.

Haga lo que haga, pierde. Si trabaja mucho, sus íntimos pueden sentirse resentidos por descuidar su familia y alterar la prioridad de sus valores. Si se aparta de la competición, mostrará tendencia a compararse y su familia también puede compararle con aquellos que tienen más éxito.

EL DILEMA DEL ÉXITO

El hombre es adiestrado para luchar por el éxito y los logros profesionales y se le alaba, respeta y admira tremendamente si es un triunfador. Pero para conseguirlo ha de estar orientado hacia el éxito y mostrarse decidido, competitivo y manipulador. Sobre todo, si aspira a ser un líder o un directivo, tiene que aprender a mostrarse impersonal y despegado en sus relaciones con los demás. Pero también se le ha enseñado que un ser humano bueno ha de ser cálido, abierto, atento a las necesidades de los que están junto a él, cariñoso y generoso. Sin embargo, ninguna de estas cualidades es compatible verdaderamente con la orientación competitiva y dirigida al éxito que también le ha sido inculcada.

Haga lo que haga, pierde. Para alcanzar sus logros y tener éxito tiene que ser competitivo, y esto implica inevitablemente apartarse de los demás. Si se esfuerza por ser más humano, puede darse cuenta muy pronto de que «los buenos chicos son los últimos en llegar». Por tanto, si decide ser un hombre de éxito puede acabar encontrándose esencialmente alienado y sin disfrutar del contacto íntimo con los otros. Si opta por la humanidad, puede encontrarse con que es un fracasado.

EL DILEMA DE LA ESCALADA PROFESIONAL

La búsqueda de oportunidades de promoción en su carrera presenta otro dilema para el hombre. Para ajustarse a la definición de éxito, debe continuar ascendiendo, luchar por su promoción y asumir responsabilidades cada vez mayores. Pero en el curso de este proceso con frecuencia tiene que renunciar a hacer lo que originalmente hacía mejor y que, en un primer momento, le hizo sentirse atraído por su trabajo, procurándole las mayores satisfacciones. A medida que avanza, también encontrará cada vez más difíciles las relaciones con sus antiguos compañeros de trabajo y otras personas con las que antes tenía amistad. Si se da por satisfecho con continuar haciendo lo que hace mejor y de lo que más disfruta y evita la promoción, puede ser considerado un fracasado y también puede estar exponiendo su propio futuro dejándolo en manos de los que pasarán por delante de él y obtendrán los cargos que les darán poder sobre él y que él ha renunciado a conseguir.

Haga lo que haga, pierde. Si mantiene la movilidad hacia puestos más altos en busca del éxito, puede perder la satisfacción intrínseca de hacer lo que más se ajustaba a sus gustos y le produce más placer, y también puede perder a sus amigos íntimos, que ya no son capaces de relacionarse cómodamente con él cuando es su superior. Si permite que los demás pasen por delante de él puede ser considerado un fracasado y ponerse en una situación potencialmente vulnerable.

El dilema de la integridad

El hombre que se muestra sincero y directo con los demás en sus relaciones de trabajo puede ser acusado de falta de tacto, de diplomacia, de no mostrarse a la altura de su posición, de ser ingenuo socialmente e incluso cruel. Si se ajusta al modelo del «buen chico», ocultando sus verdaderos sentimientos detrás de una sonrisa, un apretón de manos y unos modales suaves, puede ser considerado competente y un buen hombre de equipo, pero también puede sentirse cada vez más irreal, falso y resentido.

Haga lo que haga, pierde. Si es honrado, recto y abierto está poniendo en peligro su trabajo y su carrera. Si adopta la actitud del «buen chico» y se muestra básicamente deshonesto y manipulador en sus reacciones, puede alcanzar el éxito, pero se ha transformado en un objeto y sus relaciones serán cada vez más deshumanizadas y frustrantes.

El dilema de la monogamia

Cuando es un varón adolescente y un joven adulto, sus iguales le admirarán y apreciarán por realizar muchas conquistas sexuales. En el terreno sexual se le orientará para que persiga, desafíe y conquiste. Cuando es un hombre adulto casado o tiene una relación excluyente con una mujer, el modelo de caza, desafío y conquista ya no es operativo. En cambio, tendrá que atenerse al modelo de la relación «madura» y se esforzará por tener una relación sexual satisfactoria y gratificante con una sola mujer, pero puede descubrir que tampoco es capaz de ajustarse cómodamente al modelo monógamo.

Haga lo que haga, pierde. Si continúa con el espíritu y la orientación de cazar, desafiar y conquistar, tendrá la impresión de que sus relaciones son superficiales y se le acusará de ser incapaz de mantener una relación íntima. Si se atiene al modelo monógamo, puede sufrir de aburrimiento sexual, ansiedad sobre su actuación y adecuación sexual y frustración por no poder tener relaciones sexuales con otras mujeres, y puede llegar a obsesionarse por las fantasías sexuales.

El dilema de la sensualidad

De niño, el varón aprende que tocarse, abrazarse, acariciarse y otras manifestaciones físicas de afecto son fundamentalmente para las niñas y que es impropio de un hombre pedir que le besen, abracen, le cojan en brazos, le acaricien, etc. Pero como amante adulto aprende que la sensualidad y la condición de buen amante comportan la capacidad de disfrutar libremente y sin problemas de los contactos, abrazos y caricias, y de expresar físicamente el cariño.

Haga lo que haga, pierde. Si se siente incómodo con los contactos cariñosos su compañera puede considerarle un amante frío, brusco, duro, insensible y poco sensual. Si se esfuerza por ser sensual su actitud puede parecerle forzada a su compañera y él mismo puede no sentirse a gusto de manera natural. Puede incluso empezar a inhibirse sexualmente en su esfuerzo por ser otra persona diferente. Esto perjudicará su actuación sexual y se acusará a sí mismo de ser un amante inadecuado.

El dilema de la autonomía

Al varón se le anima a ser independiente y a no apoyarse en los demás en busca de ayuda. Sin embargo, tiene una necesidad profundamente arraigada de ser alimentado y cuidado.

Haga lo que haga, pierde. Si se resiste y se abstiene de pedir ayuda, sufrirá solo en silencio, agotándose y torturándose al entablar penosas batallas a las que no puede hacer frente y agotando sus energías en el proceso. Si pide ayuda y se permite mostrarse dependiente, se siente ansioso, incómodo y vulnerable, y, por tanto, tiene la impresión de que está poniendo en cuestión su masculinidad al sentirse confuso, perdido o inquieto.

El dilema de la salud

El varón, de niño, aprende que no es masculino quejarse de las dolencias físicas y las enfermedades, y los «hombres de verdad» no ceden ante todo esto a menos que los síntomas sean graves. Preocuparse por la salud y el cuerpo se considera un síntoma de debilidad, complacencia o de una hipocondría. Al mismo tiempo es bombardeado por las advertencias sobre la salud y la buena forma físicas.

Haga lo que haga, pierde. Si se muestra sensible ante síntomas de trastornos corporales, se cuida bien, se mete en la cama inmediatamente cuando se siente fatigado o indispuesto y se niega a trabajar en esas condiciones, puede ser considerado hipocondríaco y demasiado autocomplaciente y su masculinidad puede ser cuestionada. Si ignora esos síntomas, se lo toma «como un hombre», se sobrepone a sus heridas y se fuerza hasta que se ve obligado a parar, se le considerará valiente, pero con ello puede estar abriendo las puertas a una enfermedad crónica y posiblemente a una muerte prematura.

El dilema de la espontaneidad

El varón, de adulto, es acusado con frecuencia de no ser espontáneo, de tener miedo a expresarse libremente y de ser alegre y desinhibido. Se le dice que está demasiado cohibido. Cuando se relaja y se expresa de una manera espontánea y desinhibida, es posible que los demás se sientan incómodos y violentos.

Haga lo que haga, pierde. Si su actitud es seria, se le insta a que se relaje y no sea tan rígido, inhibido y tímido. Si se comporta con espontaneidad, libre y desinhibido, los demás pueden sentirse incómodos y acusarle de hacer el ridículo, considerarle infantil y tachar su conducta de inadecuada.

El dilema de las prioridades

Si adopta el papel del «buen chico» que da prioridad a las necesidades de su familia, amigos y compañeros de trabajo ante las propias, se encuentra con que le queda poco tiempo y energías para hacer las cosas que le gustan únicamente por placer o beneficio propio. Si se pone él en primer lugar y concentra su atención en sus propias necesidades y placeres, se le considerará una persona poco cariñosa y egoísta.

Haga lo que haga, pierde. Si da prioridad a las necesidades de los demás y se pone en segundo lugar, efectivamente tendrá poco tiempo para sus propios placeres y su desarrollo personal, y puede sentirse como un mártir. Si se da prioridad a sí mismo, será considerado egoísta y puede comenzar a sentirse culpable.

El dilema del crecimiento

El varón adulto consciente tiene la necesidad de crecer, cambiar y ampliar sus horizontes. Por otra parte, siente una fuerte necesidad de seguridad y es responsable de aquellos que dependen de él.

Haga lo que haga, pierde. Si se permite a sí mismo desarrollarse cambiando de carrera, estableciendo nuevas relaciones o alterando su estilo de vida, pone en peligro su seguridad y se arriesga a destruir sus relaciones, y los demás y él mismo pueden tacharlo de irresponsable. Si niega sus impulsos de crecimiento, se siente atrapado, estancado y se expone a la desaprobación de sus íntimos y a ser tachado de aburrido y de estar anclado en sus actitudes.

Los dilemas en los que se ve atrapado el hombre, que a su vez tenderá a atrapar en ellos a la mujer, son un hecho de su existencia. El primer paso para hacer frente a este fenómeno es reconocerlo abiertamente y admitir su existencia. Para la mayoría de los hombres la conciencia de estas contradicciones y conflictos tiende a estar bloqueada y reprimida con fines de autoprotección. Sin embargo, es inevitable pagar un precio por ello, y, o bien se produce una súbita explosión y desmoronamiento de su vida bajo el peso de estas frustraciones acumuladas, o nunca llegan a hacerse conscientes y el impacto destructivo puede manifestarse en forma de síntomas fisiológicos o psicológicos. El deterioro se deberá al efecto de estas tensiones continuamente ocultas, tensiones que lo consumen lentamente. En todo conflicto existe una necesidad o un impulso real subyacente al dilema. El hombre puede liberarse de los dilemas sin salida, si toma conciencia de sus necesidades, sentimientos o impulsos más profundos, ocultos bajo sus defensas: reconociéndolos, aceptándolos como una parte de sí mismo, aunque resulte amenazadora, y decidiendo después conscientemente hasta qué punto está dispuesto o puede arriesgarse a ser fiel al yo real que se encuentra bajo estas defensas.

No cabe duda de que el reconocimiento del verdadero yo desencadenará una crisis en las vidas de todos los hombres que han permitido que estos conflictos aniquiladores les atrapen en sus redes. Por tanto, quizá sea preciso reconocer la necesidad de ayuda en sus esfuerzos y buscarla en un psicoterapeuta competente. En esta fase de nuestra cultura el precio de la conciencia parece mucho menor que el precio increíblemente alto que está pagando el hombre por la discutible felicidad de la inconsciencia.

gratitud y se apresura a destruir sus relaciones, y los demás [illegible] él mismo pueden tacharlo de irresponsable. Si niega sus impulsos de crecimiento, se siente atrapado, estancado y se expone a la desaprobación de sus [illegible] y a ser tachado de alguien que está anclado en sus actitudes.

Los dilemas en los que se ve atrapado el hombre, que a su vez le lleva a atrapar con ellos a la mujer, son un hecho de su existencia. El primer paso para hacer frente a este fenómeno es reconocerlo abiertamente y admitir su existencia. Para la mayoría de los hombres, la conciencia de estas contradicciones y conflictos [illegible] y reaccionar con [illegible] autoprotección. Sin embargo, es inevitable pagar un precio por ello, o bien se produce una súbita explosión y desmoronamiento de su vida bajo el peso de esas frustraciones acumuladas, [illegible] y el impacto destructivo puede manifestarse en forma de síntomas fisiológicos o psicológicos. [illegible]

[illegible]

VII. LA DESTRUCCION DEL CUERPO MASCULINO

El microbio no es nada, el terreno lo es todo [1].

Louis Pasteur

Desde mi punto de vista, existen tres procesos básicos que contribuyen al deterioro físico del cuerpo del hombre:

1. La intelectualización.
2. La rigidez del macho.
3. La culpabilidad.

LA INTELECTUALIZACIÓN

Por intelectualización me refiero a la clase de actitud ante el propio cuerpo y la salud que significa: «Sólo lo consideraré cierto si puede ser demostrado objetivamente con datos científicos o si lo afirma una autoridad en la materia.» No tengo objeciones contra el planteamiento científico *per se;* no me gustaría vivir en una sociedad de curanderos o charlatanes. Sin embargo, no deja de asombrarme que, por ejemplo, sean necesarios diez años de estudio del Ministerio de Sanidad y millones de dinero invertidos en investigación para demostrar que el tabaco puede ser peligroso para la salud y que incluso después de la divulgación de los resultados continúe la polémica sobre su validez. Aunque soy consciente de que el tabaco no afecta a todo el mundo del mismo modo y no me opongo categóricamente a él ni tampoco lo defiendo a ultranza, me pregunto: «¿Es que el hombre que fuma no sabe cómo le afecta, y si está perjudicando o no a su salud? ¿Es que no recibe señales o síntomas de malestar en su cuerpo?» En otras palabras, parece evidente que nos hemos alejado tanto de nuestros cuerpos que creemos que sólo un planteamiento objetivo, «científico» y totalmente intelectualizado puede decirnos cómo nos afecta una determinada sustancia.

El término intelectualización también se refiere a ese estado de las cosas que nos hace perder de tal modo el contacto con nuestros cuerpos que tenemos que consultar continuamente a una autoridad para saber qué hacer con ellos. Esperamos a que un médico nos ordene que nos metamos en la cama cuando estamos enfermos y que nos diga cuándo podemos levantarnos y reanudar nuestras actividades cotidianas; para decirnos qué clase de comida tomar y en qué cantidades; cuánto ejercicio hacer y de qué tipo, etc. Este mismo fenómeno puede dar lugar a una situación en la que un hombre puede «sentirse estupendamente» un día y sufrir un ataque de corazón al siguiente. Cuando oigo hablar de casos así, siempre me pregunto: ¿Dónde estaban los mensajes de malestar enviados por el cuerpo durante todo el tiempo en que el corazón se ha ido debilitando hasta llegar al colapso total?

Un ejemplo muy gráfico de este fenómeno ha permanecido en mi mente desde la época en que cursaba el doctorado. Recuerdo que en un libro sobre el desarrollo infantil leí un estudio sobre la autoselección de la dieta por los niños. El estudio se llevó a cabo con un grupo de niños que acababan de ser destetados, y siguió su evolución a lo largo de seis años. Cuando se comenzó el estudio, muchos de ellos padecían raquitismo, falta de peso y desnutrición. En su estudio, la investigadora Clara M. Davis ofrecía a los niños una amplia variedad de alimentos naturales tres veces al día, y entre otros se incluían: zumo de naranja, melocotones, zanahorias, carne de vaca, pescado, harina de avena, leche, plátanos y sal marina; no se utilizaban alimentos enlatados o refinados; los alimentos se cocinaban sin provocar la pérdida de las sustancias nutritivas solubles y sin añadir sal ni condimentos. No se utilizaban combinaciones de alimentos como sopas o pan, para asegurarse de que el alimento que se consumiera era elegido por sí mismo.

Nunca se ofrecían alimentos directamente al niño, ni siquiera por insinuaciones. Unica y exclusivamente cuando el niño alargaba la mano o señalaba algo, una enfermera se lo servía y le daba de comer, y sólo si el bebé abría la boca por voluntad propia. El niño podía comer como quisiera, con los dedos o con la cuchara, y no se hacían comentarios sobre sus modales. Los niños comían lo que les gustaba y como les gustaba y en las cantidades que deseaban. Con frecuencia, las combinaciones que elegían resultaban extrañas según las pautas tradicionales: el desayuno podía consistir en zumo de naranja e hígado, y la cena podía ser plátanos con huevos. Aun así, todos los niños tenían buena salud, a pesar de las combinaciones «disparatadas». No hubo ningún caso de estreñimiento. Ningún niño sufrió ninguna enfermedad de importancia a lo largo de seis años. Todos los que padecían raquitismo se curaron. Después de una fase inicial exploratoria en la que probaron diferentes alimentos, los niños elegían por «instinto» aquellos alimentos cuyo aporte calórico, vitamínico y equilibrio ácido-alcalino era aparentemente el idóneo. Un roentgenologista del Children's Memorial Hospital escribió a la investigadora Davis que «los huesos hermosamente calcificados de sus niños vistos en los roentgenogramas se destacaban tan claramente que no me costaba ningún esfuerzo distinguirlos a distancia»[2]. Otro médico afirmaba, en un artículo publicado en el *Journal of Pediatrics (Boletín de Pediatría)*: «Los vi en varias ocasiones y constituían el mejor grupo de individuos desde el punto de vista físico y de comportamiento que he visto en mi vida en niños de esa edad.»[3]

Este estudio, realizado en los años treinta, fue criticado porque sólo incluía alimentos naturales. En lugar de tomar nota de estos increíbles resultados y seguir el camino apuntado por ellos, un crítico sugirió que no había manera de saber si existía algo llamado «la sabiduría natural del cuerpo», a menos que se dejara a los niños vagar libremente en un ambiente que les ofreciera también comidas procesadas como sorbetes, refrescos, galletas, macarrones, etc.[4] Se ignoró la enorme importancia del estudio: el cuerpo elige lo que necesita de forma natural, si la química de su cuerpo no ha sido perturbada por ingestión de alimentos procesados y «artificiales». En este caso, al parecer el estudio no satisfacía los requerimientos «lógicos» de la ciencia. En consecuencia, ha sido olvidado e ignorado.

Nos empeñamos en que todas nuestras ideas y todo nuestro saber nos lleguen a través de la magia de la ciencia, por medio de la píldora «mágica» o la técnica quirúrgica «mágica». Alimentamos la fantasía de que seremos salvados gracias al genio de un investigador escondido en su cubículo y que tras años de duro trabajo gritará de pronto «eureka» y anunciará al mundo que ha encontrado la «fuente de la juventud y la salud» en algún compuesto químico. Aceptamos esta fantasía. Sin embargo, cada vez parece más claro que:

1. Cada uno es responsable de su propia salud y longevidad.
2. Ninguna autoridad tiene respuestas mejores que las de nuestro propio cuerpo.
3. Si nos ponemos enfermos, hemos sido nosotros los que hemos propiciado las condiciones para ello.
4. Más nos valdría examinar nuestros hábitos físicos, represiones emocionales, nuestro medio ambiente y nuestras relaciones personales para buscar las explicaciones a nuestra salud. Nos aferramos a la ilusión de la magia de la ciencia y nos resistimos con todas nuestras fuerzas a aceptar que somos nosotros los que creamos diariamente nuestras propias enfermedades y nuestra propia muerte. Incluso muchos de los hombres más brillantes parecen estar totalmente bloqueados y ciegos ante la evidencia de que ellos mismos son los que van creando día a día el estado de sus cuerpos.

En cierto sentido, seguimos manteniendo la anticuada creencia de que las enfermedades y dolencias son entidades independientes, separadas de todo lo que había antes de ellas excepto del misterioso e invisible virus o germen que nos ha atacado. La creencia imperante parece que sigue siendo la de que la enfermedad aparece de repente y que nosotros somos las patéticas víctimas de alguna caprichosa fuerza de la naturaleza, que es un avispero de enemigos invisibles. Yo personalmente me opongo a esa imagen de mi medio ambiente como un lugar plagado de potenciales peligros para mi cuerpo: en la fruta sin lavar, en el suelo, en el aire, en el aliento de los demás. Más bien creo que un individuo que se mantiene en contacto con su cuerpo y con las necesidades de éste gozará de buena salud, y que «el terreno lo es todo», esto es, la capacidad de escuchar, respetar y responder a las necesidades del cuerpo.

También tengo la impresión de que el hombre contemporáneo se ha identificado en exceso con las máquinas creadas por él y ve a su cuerpo como una de sus creaciones mecánicas; trata a éste como si estuviera formado por una serie de piezas sin relación entre sí y que, como en su automóvil, tienen que tratarse o «repararse» por separado. Se trata de otra manifestación más del fenómeno de intelectualización. Es decir, un automóvil se «cura» por el «tratamiento» o sustitución de partes aisladas con problemas de funcionamiento: la batería, el alternador, la junta de la culata, etc. Así es como el típico varón considera también su cuerpo enfermo. No encuentra ninguna relación entre una enfermedad y otra, entre el estado de sus encías, su estómago, sus ojos y su hígado. Para él, cada uno de ellos es una entidad que hay que tratar separadamente. No concibe su cuerpo como una unidad. Es como si cada parte del cuerpo tuviera su propio suministro de sangre, sus propias condiciones químicas. No hay conciencia alguna de que, en realidad, sólo puede haber *grados* variables de salud y de que cuando el cuerpo está en malas condiciones, todas sus partes se verán afectadas, aunque sólo una de ellas lleve la etiqueta del diagnóstico por ser el eslabón más débil y vulnerable, y haber sido la más afectada.

Otra manifestación de la intelectualización es la tendencia a aferrarse a las figuras de autoridad. Creo que esto es, en parte, el resultado de la información tremendamente contradictoria que recibimos, que lo más probable es que no ha hecho más que aumentar su confusión, su desamparo y vulnerabilidad. Es muy parecido al caso del niño que se retrae y se siente desorientado, apartado y dependiente porque no puede estructurar su medio ambiente ante las reacciones contradictorias que obtiene de sus padres. Un día le castigan por hacer lo mismo por lo que fue alabado el día anterior, o un día le dicen que lo que hace está bien y al siguiente que eso mismo está mal.

De modo similar, el público ha sido bombardeado con descubrimientos contradictorios, fruto de diferentes investigaciones. Un día se les informa de que las proteínas de la carne son los elementos fundamentales de la vida y después les dicen que la carne puede ser uno de los factores que producen el cáncer o el aumento del colesterol. Algunos alaban las virtudes de los suplementos vitamínicos, mientras que otros nos dicen que pueden resultar venenosos. El sol es descrito en ocasiones como una influencia benéfica y protectora, y en otras como el causante del cáncer de piel. Algunos investigadores nos dicen que los aditivos de los alimentos son venenosos, otros que son inofensivos. Algunos recomiendan un largo período de reposo en la cama tras una operación y otros lo desdeñan. Algunos dicen que la leche es beneficiosa para todo el mundo y otros dicen que es perjudicial para los adultos, etc., etc.

El proceso de intelectualización, que afecta al modo que tienen de considerar sus cuerpos la mayoría de los hombres, es un factor fundamental en su destrucción. El considerar el propio cuerpo como una cosa, una pieza de maquinaria, en lugar de ver el propio bienestar y las enfermedades como parte del proceso total de nuestra vida, es ignorar el modo en que los seres humanos *crean* su propio estado de salud.

LA RIGIDEZ DEL MACHO

La destrucción del cuerpo del hombre como resultado de la rigidez machista se manifiesta de innumerables maneras. Aunque los hombres mueren a causa de casi todas las enfermedades de importancia en una proporción significativamente mayor que las mujeres, todos los estudios indican que las mujeres se quejan de un número mucho mayor de síntomas y acuden al médico con más frecuencia. En realidad, esto indica que los hombres han perdido el contacto con las señales de advertencia del cuerpo en mucha mayor medida. Como señalaba un estudio acerca de las mujeres: «Un número mayor de afecciones menores podía atribuirse simplemente a una mayor conciencia o preocupación por los síntomas físicos.» [5]

Un estudio sobre los aspectos psicosomáticos de los cuadros de síntomas en los pacientes sometidos a cirugía reveló que las mujeres reaccionan ante la tensión preoperatoria, dando salida a sus emociones con actitudes en las que expresan claramente su miedo, furia o depresión. Por el contrario, los hombres tendían a poner al mal tiempo buena cara, y, en consecuencia, por lo general tenían niveles más altos de ansiedad [6].

A pesar del hecho de que casi desde el momento del nacimiento los hombres parecen mostrar una mayor sensibilidad al estrés [7], un investigador descubrió que las mujeres son capaces de advertir las señales de estrés con una frecuencia significativamente mayor que los hombres. Pidió a 617 familias que le informaran de las reacciones ante el estrés que advertían en sí mismos. Estas reacciones incluían: «Sentir el rostro caliente o sonrojado», «molestias estomacales», «sudor en las palmas de las manos», «nudos en la garganta o sequedad de boca», «manos y/o pies fríos», «agitación general», «sudor del cuerpo en general», «ritmo del corazón más rápido», «micciones frecuentes» y «conciencia de los latidos del corazón». De estos diez síntomas de estrés sólo el «sudor en las palmas de las manos» era experimentado con más frecuencia por hombres que por mujeres. Por el contrario, las mujeres decían haber experimentado «rostro arrebolado», «molestias estomacales», «manos y/o pies fríos», «micciones frecuentes» y «conciencia de los latidos del corazón» con una frecuencia significativamente más alta que los hombres [8]. Estos descubrimientos sugieren que los hombres tienen tendencia a bloquear las señales de estrés, mientras que las mujeres tienen más conciencia de ellas.

Todos estos hallazgos indican que los hombres han perdido en gran medida el contacto con sus cuerpos. En consecuencia, sufren casi todas las enfermedades mortales de importancia en una proporción mucho más alta que las mujeres. Tienen tendencia a ser atacados «repentinamente» por una enfermedad de importancia como un ataque al corazón. Bloquean los síntomas de malestar hasta que el peso de la enfermedad es tan abrumador que los deja totalmente incapacitados.

Esta situación es, en parte, el resultado del condicionamiento que enseña a los niños desde pequeños que quejarse de dolores corporales es de «nenas», y que además les anima a negar y resistir la realidad de la enfermedad y las heridas por tanto tiempo como les sea posible. Una de las definiciones culturales de un «chico de verdad» o de un héroe es la de que sigue adelante, ya sea en un partido de fútbol, una pelea o en sus actividades habituales, a *pesar de* sus heridas y síntomas. Esta es la condición sutil e inconsciente del hombre en nuestra cultura. Desde muy temprana edad aprende que estar enfermo es impropio de un hombre, que quejarse es impropio de un hombre, que pedir ayuda es impropio de un hombre.

Una anécdota sobre Rodolfo Valentino, publicada cuando murió, manifiesta, de manera mordaz pero reveladora, la orientación machista del hombre y cómo forma parte de él hasta el día de su muerte.

Valentino, en su calidad de estrella del cine mudo, era la personificación misma del héroe machista y del semental. Había sufrido un colapso repentino en su casa y unas horas más tarde fue operado de úlcera gástrica y de apendicitis. Cuando recuperó el conocimiento, se cuenta que sus primeras palabras fueron para inquerir sobre su valor. Le parecía que éste había sido puesto en cuestión en un editorial publicado en el *Chicago Tribune* titulado «Borlas de polvo rosas», donde se incitaba a Valentino a desafiar al anónimo autor a un duelo; pero el asunto nunca fue más lejos.

Poco antes de la muerte de Valentino, cuando estaba saliendo de la anestesia, se cuenta que miró a su médico y le preguntó: «Doctor, ¿soy una «borla de polvo rosa»? El médico le respondió: «Desde luego que no, ha sido usted muy valiente.» [9]

He observado con frecuencia que hay muchas familias en las que la madre está continuamente quejándose de sus síntomas y sus enfermedades, y acude con frecuencia al médico, portándose a menudo como si estuviera a las puertas de la muerte. Pero a su marido «fuerte» y «silencioso» rara vez o nunca se le oirá quejarse de sus males; si lo hace, todo el mundo sabe que se trata de algo grave. Se limita a seguir adelante, y se siente varonilmente orgulloso de no ceder ante las señales de peligro de su cuerpo. Además, enferma gravemente o muere cuando está en los cincuenta, mientras que su quejumbrosa mujer sigue conservando las energías a los setenta años.

Hay otras razones que explican la tendencia del hombre a negar y resistirse a las señales de peligro de su cuerpo. Su terror a la pasividad, que inconscientemente asocia a la feminidad y la homosexualidad, resulta vital. Le lleva a mostrarse renuente y a resistirse a guardar cama y permanecer en ella cuando no se siente bien. Prefiere irlo aplazando hasta que es literalmente derribado y se ve obligado a tumbarse. Su insignia del valor es que no falta al trabajo ni un solo día, así que ignora las señales de peligro para seguir mostrándose ambicioso y competitivo. Está demostrando que es un hombre y que es capaz de resistir, ignorar y superar los síntomas de su enfermedad.

Un arquetipo cultural que ilustra este fenómeno en el mundo de hoy es el atleta profesional y supermacho, como, por ejemplo, el jugador de fútbol. A las víctimas de heridas de este violento deporte de contacto corporal se les administran regularmente fármacos contra el dolor y el jugador es lanzado inmediatamente al terreno de juego. Al regresar es saludado con el rugido apreciativo de la multitud, que parece estar diciendo al unísono: «¡Qué hombre!»

Aun muchos de los jugadores que no sufren heridas en los deportes de supermachos como la lucha libre, el fútbol y el levantamiento de pesas, son bien conocidos por fustigar sus cansados cuerpos para ponerlos a punto tomando anfetaminas *(speed)* que les dan energía y barbitúricos para poder volver a relajarse. En los intervalos toman esteroides anabolizantes para fortalecer sus músculos. Se sabe que estos esteroides tienen efectos secundarios como la atrofia testicular, trastornos hepáticos y edema [10].

Todos estos ejemplos están directamente relacionados

con la presión machista para que sigan funcionando a toda costa e ignoren o nieguen el dolor corporal. Para la mentalidad del macho, un día enfermo en la cama significa:

1. Su territorio está amenazado y alguien puede usurpar su posición.
2. Alguien podría descubrir que, en realidad, no se le necesita o podría intentar sustituirlo.
3. Cada día en la cama es dinero perdido.
4. No es un guerrero competente y no es capaz de mantenerse en pie bajo presión.

La resistencia del hombre a ponerse enfermo está relacionada también con su miedo a la dependencia, sobre todo de las mujeres. Este miedo hace de la enfermedad una especie de experiencia vergonzosa e incómoda, sobre todo para el casado. Aunque puede permitir que su mujer le atienda durante un corto período de tiempo, su ansiedad va aumentando a medida que oye voces que le previenen de que no siga agarrado al delantal de su madre y que no se porte como un bebé indefenso.

Mientras está enfermo en la cama, el hombre casado puede advertir también el resentimiento consciente o inconsciente de su mujer. En la dinámica tradicional del matrimonio la mujer a veces alimenta la fantasía de que su marido es un superhombre, protector y proveedor del sustento. El verlo indefenso y enfermo en la cama puede resultar subliminalmente amenazador y traumatizante para ella. Puede echar por tierra sus ilusiones y su necesidad de considerarlo omnipotente. El mensaje inconsciente de malestar que él puede recibir de su mujer puede acrecentar su sentimiento de culpa y su malestar por estar enfermo y moverle a salir de la cama lo antes posible.

Aunque en nuestra cultura es perfectamente aceptable que la mujer se pavonee y se admire ante un espejo y que emplee bastante tiempo en el cuidado de su cuerpo con largos baños, ejercicios de estiramiento, el uso de cremas, etc., el hombre, por lo general, se siente incómodo y violento por dedicar cuidados y atenciones a su cuerpo. Una vez más, no concuerda con su autoimagen de la masculinidad. Si una mujer se entrega a estos cuidados, se considerará que está actuando adecuadamente; pero en el hombre resultaría sospechoso, se le acusaría de ser un narcisista, o peor aún, un homosexual en potencia. Los levantadores de pesas han sido frecuentemente acusados de esto por aquellos que se sienten molestos al verles abandonarse al detenido examen de sus cuerpos ante el espejo.

Un estudio reciente sobre la imagen que tienen de su cuerpo el hombre y la mujer señalaba que las mujeres tienen «...un concepto del cuerpo más claramente diferenciado...», que tienden a valorar sus cuerpos más que los varones y a manifestar más aprobación cuando se contemplan de cuerpo entero en espejos. En general, se encontró que las mujeres muestran claramente «una valoración más elevada de sus cuerpos»[11].

Hasta la dieta está fuertemente determinada según el sexo o las expectativas atribuidas a cada género. Hay ciertos alimentos que se consideran «masculinos», como, por ejemplo, los filetes. Muchos hombres reaccionan negativamente ante los «alimentos sanos» o las dietas vegetarianas ligeras. Los hombres machistas se refieren a este tipo de dietas con desprecio, llamándolas «comida para conejos». Esta rigidez en el terreno de la dieta es al mismo tiempo trágica y paradójica; es paradójica porque muchos hombres, sobre todo los oficinistas, siguen comiendo como si fueran los cazadores y guerreros de los viejos tiempos, y al hacerlo destruyen rápidamente sus cuerpos.

La asociación entre un alto consumo de carne y la masculinidad puede resultar desafortunada de muchos modos. Hace poco la Sociedad América contra el Cáncer (American Cancer Society) presentó un informe según el cual el cáncer provocado por una alimentación inadecuada representa el 30 por 100 de los casos de esta enfermedad en los hombres. Este informe citaba el hábito de comer carne roja como uno de los factores principales[12]. El cáncer intestinal, que es la manifestación más común, también ha sido relacionado con el consumo de carne de vaca, un alimento que se sabe que contribuye al aumento del nivel de colesterol[13].

En una conferencia de la AMA (Sociedad Americana contra el Cáncer) sobre los aspectos médicos de los deportes se presentó recientemente un informe de un médico de la Clínica Mayo sobre la «dieta de longevidad» del futuro. En él se apuntaban los aspectos destructivos de la actitud machista ante la comida. Más concretamente, entre las conclusiones de importancia estaban las siguientes:

1. Las dietas altas en proteínas acortan la vida.
2. Los suplementos vitamínicos pueden ser venenosos.
3. Las proteínas musculares *no pueden* aumentarse comiendo más carne, bebiendo batidos con huevos o tomando otros alimentos ricos en proteínas.

La «dieta de longevidad» del futuro tendrá pocos o ningún ingrediente nuevo, pero se eliminará gran parte de los alimentos que se consumen comúnmente hoy en día.

También desacreditaba el famoso mito masculino de que comer carne da fuerzas. «Lo cierto es que la carne no equivale a fuerza», decía el informe. Los alimentos ricos en proteínas y las vitaminas concentradas resultan más dañinas que beneficiosas para el cuerpo. El falso razonamiento del atleta macho es más o menos éste: «La carne es músculo, una persona es lo que come, y por tanto, si como carne aumentaré mi masa muscular y mi fuerza.» El informe concluía que lo más triste de todo esto es que una vez que se han adquirido estos hábitos, las posibilidades de desprenderse de ellos son muy remotas [14].

Las mujeres parecen ser mucho más flexibles y menos autodestructivas en las cuestiones de alimentación. Aunque tienen motivos justificados para llevar una dieta más fuerte que la de sus maridos oficinistas, si se mantienen activas realizando los trabajos físicos que implica el cuidado de los niños y el mantenimiento del hogar, tienden a comer mucho menos y también muestran menor oposición a una dieta centrada en las ensaladas y otros alimentos ligeros.

En un balneario de Méjico al que suelo acudir, que sólo sirve comida vegetariana, he advertido con frecuencia las expresiones afligidas y desgraciadas de muchos hombres que reaccionan negativamente a una dieta de verduras. Por las tardes se dirigen ansiosamente a la ciudad a comer langosta y filetes, y a beber cerveza o licores: la auténtica comida «masculina».

El «hombre de verdad» se da una palmadita en la tripa y se enorgullece de tener un «estómago de hierro». Eso quiere decir que cree que puede meter en él cualquier porquería sin que le afecte. Esta creencia es fruto de la miopía del macho, de su ignorancia y su rigidez.

Quizá a causa de la gran ansiedad que les produce la intimidad o la familiaridad con otros hombres, o el miedo a ser demasiado transparentes, éstos parecen necesitar el alcohol para relajarse cuando se relacionan con sus iguales. Se encuentran en los bares o en los restaurantes con una copa en la mano y se dedican a beber continuamente mientras están juntos. Cuando comen, lo hacen al «estilo del macho»: chuletas, costillas o algún otro pesado alimento «masculino». Pero las mujeres son capaces de relacionarse socialmente entre sí con toda comodidad y tranquilidad durante horas con una simple taza de café o de té. La ansiedad que les produce la intimidad y la sinceridad no es, en absoluto, tan grande y no tienen tendencia a embotar sus sentimientos para que la interacción resulte más cómoda.

El hombre que compite en el mundo laboral e intenta escalar puestos y adueñarse de su pedazo de territorio debe aprender también a controlar férreamente sus emociones, a desempeñar la función del «buen chico» y a sufrir la tensión emocional de tener que tomar decisiones continuamente. A nivel psicosomático, paga un alto precio por este «privilegio».

Las «delicias» de ser un ejecutivo fueron investigadas en un estudio realizado con monos. Se colocaron dos monos en sillas con correas y se le asignó a uno de ellos el papel de ejecutivo. Al mono «ejecutivo» se le dio una palanca que se le enseñó a apretar para evitar que tanto él como el otro mono recibieran descargas eléctricas. Después de veintitrés días de un programa continuado, de seis horas de trabajo y seis de descanso, el mono «ejecutivo» murió súbitamente. La autopsia reveló que tenía una úlcera, una larga perforación de la pared del duodeno, la parte superior del intestino delgado, cerca de la confluencia con el estómago. El mono de la otra silla, que no estaba tomando decisiones, no se vio afectado [15].

Un reciente estudio sobre las enfermedades psicosomáticas llegaba a la conclusión de que muchos acontecimientos precursores de enfermedades son «... parte integrante de los valores americanos: realización, éxito, materialismo y seguridad en sí mismo» [16]. Toda esta rigidez del macho en el campo de las emociones es también por definición parte integrante de la identidad del hombre. El precio que se paga por ello es increíblemente alto.

Un estudio de las características de la personalidad normalmente asociadas a los hombres que padecen cáncer (el índice para éstos es un 40 por 100 más alto que para las mujeres y considerablemente mayor para algunos tipos de cáncer, como, por ejemplo, el de pulmón), es particularmente instructivo a la hora de comprender el impacto del genio distintivo masculino sobre el cuerpo. Un estudio de las personalidades de los hombres, víctimas del cáncer de pulmón, halló que estos pacientes «tienen pocas vías para dar salida a sus emociones y tienden a ocultar o reprimir sus dificultades emocionales» [17].

El rechazo emocional, que es la causa de que el enfermo de cáncer aplace la búsqueda de ayuda, también ha sido observado en una gran parte de los casos. Se descubrió que las víctimas de cáncer tenían tendencia a negar cualquier cosa que pudiera ser interpretada como violenta o socialmente poco deseable, como, por ejemplo:

1. Se sentían más fácilmente heridos en sus sentimientos que la mayoría de la gente.
2. Tienen frecuentes dolencias del estómago.
3. Tienen pesadillas que les afectan negativamente.
4. Se sienten solos en el mundo.
5. Nadie les comprende realmente.
6. Sus mujeres no se sienten satisfechas de sus logros en la vida [18].

Otro ejemplo es el típico modelo de personalidad de la persona con hipertensión. Es aplicable a un gran número de hombres y podría ser la explicación de la alta incidencia de ataques al corazón entre ellos. Los datos clínicos sugieren que los hipertensos se ven atrapados en dolorosos conflictos sin disponer de una vía abierta para dar salida a sus emociones. Es decir, aunque se sienten profundamente resentidos bajo la superficie, estos sentimientos sólo salen ocasionalmente a la luz en un estallido de ira. Por lo demás, no tienen una manera establecida de expresar sus tendencias agresivas [19]. De hecho, en el mundo de los negocios de los «buenos chicos» no hay una manera aceptable. Este conflicto caracteriza las vidas de muchos hombres, tanto en el trabajo como en casa.

Otros estudios sobre los pacientes masculinos con enfermedades coronarias han evidenciado que son personas excesivamente competitivas y con una continua necesidad de reconocimiento.

El precio de la rigidez del macho, que incluye la resistencia a pedir ayuda, el miedo a la dependencia, la resistencia a la pasividad, las ideas sobre los alimentos «masculinos», la resistencia a cuidar de sí mismos y la represión de las emociones, es verdaderamente alto en términos de los daños que sufre el cuerpo. Para alterar estas pautas, el hombre tendrá que observarse a sí mismo y echar mano de todos sus deseos de sobrevivir y de disfrutar de su vida. No puede, como han propuesto algunos médicos bienintencionados, contar con su esposa para que le ayude a superar estas pautas de comportamiento del macho. Aunque la mujer tradicional puede querer ayudarle conscientemente de muchos modos, también puede formar parte del problema. Es decir, aunque de modo consciente su intención pueda ser la de ayudarle, puede tener intereses importantes en el éxito material de su marido y en su representación del papel de «macho-superhombre». El impulso que le mueve a buscar la salud, la longevidad y a cuidarse, puede parecer, por tanto, puramente egoísta por parte del hombre. Tiene que hacerlo porque se complace en los sentimientos agradables que experimenta su cuerpo cuando se trata bien y tiene que hacer de ello una motivación fundamental en su vida.

Hace poco descubrí un estudio hecho con ratas titulado «La muerte vudú: algunas ideas nuevas sobre un antiguo fenómeno» [20]. Este estudio, que exploraba el fenómeno de la «muerte súbita» por «causas desconocidas», nos proporciona una analogía particularmente apropiada: la muerte repentina sin ningún claro signo de aviso parece afectar a muchos hombres de nuestra cultura con demasiada frecuencia.

En este estudio, en el que las ratas eran recluidas y sometidas a una situación de tensión de la que no tenían ninguna oportunidad de escapar, ninguna posibilidad de huir o luchar, poniéndolas en una situación desesperada, las ratas comenzaron a portarse literalmente como si se dieran por vencidas. Creo que éste puede ser muy bien el estado anímico de muchos hombres de nuestra cultura cuando caen muertos de manera repentina y aparentemente inexplicable. Su muerte constituye la expresión final de su desesperación ante una situación en la que se sienten atrapados y sin salida, y finalmente ceden ante la presión y se dan por vencidos. Ya proceda su desesperación de su viaje hacia el «éxito», cuando se encierra en sí mismo de tal manera que el sustento emocional que podrían aportarle los demás y la propia expresión emocional quedan totalmente bloqueadas, o ya se remonte al momento en que ha sido relegado a un puesto de menor responsabilidad, despedido o jubilado, cuando lo único que ha sabido hacer en toda su vida es trabajar; la muerte repentina es el signo distintivo del varón de nuestra cultura, que se ahoga en los rígidos lazos de la pose machista.

Estoy totalmente de acuerdo con una autora feminista independiente que escribía hace poco: «No quiero llevar un hermoso traje y un portafolios, y sufrir una arterioesclerosis prematura a los cuarenta años.»[21]

LA CULPABILIDAD

No es raro que un hombre, después de llevar casado un año más o menos, se dé un golpecito en el estómago y observe con aire bromista y orgulloso que ha engordado, gracias a las habilidades culinarias de su esposa. *En realidad,* lo que está diciendo es: «Mirad qué bien me alimenta. Eso *demuestra* que me quiere.»

He observado que el típico hombre «macho» y su mujer «madre tierra» con frecuencia tienen muy poco en común. Sin embargo, los dos han aceptado las definiciones tradicionales de una relación «madura» y «plena» y con frecuencia están tratando valerosamente de vivir de acuerdo con la imagen que llevan en su interior, según la cual hay que «compartir» y «hacer las cosas juntos». Un posible resultado de esto es que tengan que forzarlo porque no ocurre de manera natural. Acaban adoptando modos de relación regresivos, entre los que la pauta más común es la de la madre (la mujer) y el niño bien alimentado (el marido).

Dado que, por lo general, él es físicamente más fuerte y atlético y ella no suele ser abiertamente agresiva y es posible que no quiera «dañar» su ego mostrándose claramente competitiva con respecto a él, es difícil que encuentren un placer profundo o perdurable en compartir actividades físicas de naturaleza competitiva. Lo cierto es que cualquier tipo de interacción hombre-mujer claramente competitiva tiende a estar prohibida y a producirles ansiedad a los dos. Los hombres «machos» han aprendido a tratar a sus mujeres con suavidad y ternura, de modo que es posible que en los primeros tiempos de su matrimonio atraviesen una fase en la que se dediquen a hacer excursiones, jugar al tenis o irse a esquiar. Pero invariablemente renuncian a ello o lo hacen cada vez con menor frecuencia.

Aunque es posible que al principio de su relación hagan un pacto según el cual cada uno será dueño de su propio tiempo libre para ver a los amigos y dedicarse a sus actividades por su cuenta, después de disfrutar de esta libertad en algunas ocasiones, no es raro que el hombre abandone sus actividades independientes porque se siente culpable y también quizá porque se da cuenta del resentimiento que despiertan en su mujer. Por tanto, renuncia a sus actividades «extraacadémicas» con sus socios o amigos. En parte esto se debe también a que se siente culpable cuando se está divirtiendo y no comparte esta experiencia con su mujer, como se dice a sí mismo que haría un «buen» marido.

Por tanto, intentando encontrar cosas que los dos puedan disfrutar y compartir cómodamente, empieza a interesarse principalmente por actividades más pasivas, como ir a restaurantes, al teatro, al cine o a los museos, dar largos paseos, hacer excursiones, ver la televisión, ir a casas de amigos o invitar a cenar, y cada vez descuida más las ocupaciones más activas que podían interesarle de soltero. Para la pareja casada, las visitas de los amigos se convierten en una interminable ronda de comer, beber, fumar, hablar y estar sentados. Después de algunas horas, todos se sienten aletargados e indolentes y la velada se da por terminada.

En consecuencia, he observado que después de entre cinco y diez años de matrimonio muchos hombres se convierten en caricaturas de ellos mismos, sobre todo físicamente: son barrigones, lentos, se están quedando calvos y padecen una variedad de males, como dolores de espalda y fatiga.

En general, la liberación de la conciencia del hombre está basada en parte en la liberación de su cuerpo. Un hombre cuya conciencia de su cuerpo se encuentra inhibida por la culpabilidad, que depende de su mujer para que «cuide de él», que ha perdido el contacto con las señales de su cuerpo, en las que no confía o de las que hace caso omiso, que en lugar de reaccionar ante los mensajes de su cuerpo los intelectualiza, que reprime sus emociones y paga el precio con enfermedades psicosomáticas y que mantiene rígidas pautas de comportamiento propias de la mentalidad del macho tanto en relación con los hombres como con las mujeres, se encuentra en el camino de la autodestrucción.

COMO RESPETAR SU CUERPO

1. Aprenda a escuchar, confiar y reaccionar ante los mensajes de su cuerpo. No los paralice ni los falsee, oculte o niegue. Son sus señales de supervivencia y el precio que puede pagar por ignorarlas es el de que su cuerpo sufra daños crónicos e irreversibles.

2. Aprenda a disfrutar de los placeres de la pasividad sana, durmiendo un rato cuando esté cansado, acostándose cuando sienta fatiga o malestar y gozando del placer de dormir. No es algo poco varonil ni una pérdida de tiempo. No estimule su cuerpo agotado, obligándolo a ponerse de nuevo en marcha a patadas como si fuera una bestia de carga.

3. Aprenda a desvincular la masculinidad del hecho de tomar determinados alimentos. Puede ser igual de hombre con una ensalada que con un filete.

4. Descarte la idea de que el hecho de que le alimente bien es una prueba del amor de su mujer. Obtenga su amor de una manera directa. Ella puede quererle y usted a ella sin tener que demostrarlo atiborrándose de comida.

5. Rompa con las pautas de relación machistas con otros hombres. Aprenda a relacionarse y comunicarse con ellos abierta y alegremente, y no detrás de un vaso de alcohol y un cigarrillo.

6. Aprenda a prepararse sus propios alimentos de acuerdo con sus necesidades. Su mujer o su novia no es su madre y usted no es un niño indefenso. Coma lo que le haga falta cuando le haga falta.

7. Dedique algún tiempo cada día a cuidar de su cuerpo y a mirarse al espejo. Reaccione con alarma ante los signos de que no se está cuidando y alábese cuando tenga buen aspecto y se sienta ágil y sano. Cuando su cuerpo se deteriora, usted también se deteriora, porque *usted es su cuerpo.*

8. Niéguese a quedarse pasivamente sentado por las noches viendo la televisión y atiborrándose de dulces, si eso le aburre. Muéstrese activo si se siente con energías, váyase a dormir si está cansado. Si está casado o viviendo con una mujer, no se quede sentado creyendo que la está complaciendo al mostrarse pasivo ni se engañe con la ilusión de que de esa manera es fiel a su compromiso con ella y de que está siendo un buen amante, marido o padre.

9. Tómese todo el tiempo que sea necesario para ir al gimnasio, jugar al aire libre o en la playa, o pasarse noches o fines de semana solo.

10. Aprenda a decir «no» cuando le propongan actividades y reuniones sociales de las que no disfruta, pero en las que participa para ser «amable». Evite los cócteles o las cenas o sentarse a charlar en el salón a menos que disfrute verdaderamente de ello.

11. Encuentre a un hombre mayor que usted y con una salud física inmejorable, aunque sienta el impulso de desdeñarlo por chiflado o fanático, y aprenda de él. Pregúntele cómo lo hace y manténgase abierto a la posibilidad de que pueda saber algo que usted no sabe.

12. Aprenda a ser egoísta en relación con su cuerpo. La salud siempre será uno de los valores esenciales de la vida. Un hombre lleno de vitalidad y salud es un hombre atractivo. Sin salud, la falta de alegría y de sentido se instalan progresivamente en su vida.

VIII. EL CAMINO HACIA EL EXITO: UN RETRATO IMAGINARIO

¿Qué son las caras?
¡No se construye un imperio recordando las caras! [1]

Big Daddy
(La gata sobre el tejado de cinc caliente)

El joven aprende a valorarse a sí mismo en términos de logros, éxitos y victorias. Se le hace llegar este mensaje continuamente, de maneras directas e indirectas: cuando corre más, habla mejor, gana un partido, aprende antes a leer, saca mejor nota, demuestra mayor fortaleza o hace cualquier cosa que demuestre su superioridad sobre los otros chicos, su padre le llama con orgullo «hijo mío», y él y su madre alardean ante los demás de sus hazañas.

Aun así, periódicamente se le recordará que, aunque hace bien algunas cosas, no debe dormirse nunca en los laureles, porque vive en un mundo en el que sólo hay sitio para los mejores, un mundo en el que no hay lugar ni simpatía para los perdedores. Un perdedor queda definido por el dicho: «Para este viaje no se necesitan alforjas.» En efecto, todo el que no es un ganador, es un perdedor.

La misma clase de mensajes le llegarán de manera indirecta cuando oiga a su madre comentar lo bien que hace algo el hijo de otra persona. Llegará a comprender el siguiente mensaje subyacente. «¡Sería estupendo que tú también lo hicieras así de bien!»

A lo largo de estos primeros años, cuando consiga ganar o tener éxito será alabado y recompensado de otras maneras. Será tratado de una manera especial que le hará sentirse orgulloso de sí mismo y bien por dentro.

Pero cuando pierde, fracasa, actúa con torpeza, ineficacia, debilidad o incompetencia, sentirá la desaprobación y el rechazo, sobre todo de su padre, pero también de su madre. Quizá no sean directamente expresados. Puede que se le responda en un tono solícito en el que el rechazo está oculto bajo palabras «de aliento» como: «No importa. La próxima vez lo harás mejor», «No se puede ganar siempre», «Lo importante no es ganar o perder, sino participar». Pero el rechazo está sutilmente, pero con toda evidencia, implícito en el hecho de que cuando consigue ganar o tener éxito, la reacción es entusiasta. Cuando no es así, aunque las palabras sean «amables», ocultan un tono emocional amortiguado, tibio o negativo.

Si sus padres carecen de complicaciones psicológicas, la reacción a la que se enfrentará, cuando su actuación no es satisfactoria, será más directa. Quizá sea rechazado y sea otro hermano con más éxito el que disfrute del favor de sus padres, o se sentirá humillado por los comentarios despectivos sobre su inteligencia o su capacidad.

A medida que crezca, irá interiorizando cada vez más las actitudes paternales y otras que ve a su alrededor hasta convertirse en su propio padre. Esto es, desarrollará su propia voz interna que le dirá cosas agradables que le harán sentirse bien cuando actúa bien o tiene éxito, y le insultará, importunará y humillará cuando no lo hace tan bien o mejor que sus iguales.

En este momento está en pleno proceso de construcción de una reserva latente y permanente de odio e insultos dirigidos hacia sí mismo que amenaza con desbordarse cada vez que falla algún objetivo. Esta reserva le estropeará hasta sus mayores triunfos, e incluso en la «victoria» siempre tendrá presentes a los que son mejores que él. Ahora tiene un motor incorporado que le empujará continuamente hacia el éxito.

Sus estados de ánimo y emociones quedarán indisolublemente unidos a sus éxitos y fracasos. Cuando gane, demuestre su valía o actúe adecuadamente, se sentirá regocijado; cuando fracase o decepcione, se sentirá deprimido, avergonzado e incómodo.

Pero con el tiempo aprenderá a controlar y ocultar todos sus sentimientos hasta que sus reacciones espontáneas o genuinas sean sustituidas por otras adecuadamente controladas, otras que «funcionan», que le hacen parecer fuerte y capaz de proyectar la imagen adecuada.

Estos controles emocionales al principio son irregulares. Periódicamente algún sentimiento romperá la barrera y le hará temer haber estropeado su imagen de «ganador». Pero los irá eliminando progresivamente hasta que los momentos de espontaneidad se hagan más y más escasos a medida que él se va refinando. Este proceso de refinamiento le hará sentirse tan bien que ni siquiera será consciente de hasta qué punto está perdiendo totalmente el contacto consigo mismo, renunciando a sus verdaderas reacciones en aras de otras bien programadas que le convertirán en una mejor máquina de cosechar éxitos.

Hasta sus amistades más íntimas con otros chicos se verán contaminadas por estar siendo continuamente comparado con ellos por los demás y de que asimismo él está comparándose con ellos. Ser amigos está bien, pero ser mejor que ellos le parece cada vez más importante.

A medida que crece, los otros chicos son cada vez menos amigos suyos y más sus competidores, amenazas potenciales para su propia persecución del éxito. Por tanto, comienza a mostrarse más cauteloso cuando está con ellos, ocultando sus debilidades, carencias y puntos flacos. Cuando sus amigos se muestran demasiado emotivos, se siente incómodo. Tendrá la impresión de que no puede confiar en un amigo que no puede controlar sus emociones.

A medida que alcanza la edad adulta, termina el colegio y sale al mundo «real», se da cuenta de que la gente le resulta atractiva, quizá sin que él se dé cuenta siquiera, en la medida en que refuerzan su imagen de hombre de éxito. Se sentirá atraído hacia la chica que crea que dará una buena imagen de él y querrá ser visto en compañía de los hombres de más éxito y más populares, y ser aceptado por ellos.

Es hora de «madurar» y casarse. Aunque hasta ahora su atracción por las mujeres ha estado fundamentalmente centrada en la apariencia física, para casarse elige a una mujer más «sensata», estable, digna de confianza y atractiva con la que se siente orgulloso de presentar a sus padres y amigos.

Aunque el sexo siempre le ha parecido muy importante, ahora le parecerá que hay otras cosas que lo son más. Elige a una mujer con la que pueda contar, que parezca tener una personalidad relajada y reconfortante, que represente una buena baza en su camino hacia el éxito. Se casa con ella y ella le «estabiliza». Ahora sus energías están canalizadas en su camino hacia el éxito. Está preparado para la escalada. Para entonces, ya se ha transformado en una máquina bastante bien engrasada. Sus reacciones en público son fluidas y socialmente correctas. Sólo su mujer vislumbra de vez en cuando sus zonas incontroladas, cuando se siente furioso por algún pequeño incidente, pone mala cara como un niño o se muestra frío y distante.

Cuando lleva varios años dedicado a su persecución del éxito, se da cuenta de que se está volviendo cada vez más repetitivo y previsible con lo que hace y dice. Mientras su aspiración a escalar puestos le mantiene alerta, animado y expectante, las relaciones con su mujer, sus amigos y consigo mismo empiezan a estancarse y a resultar un tanto aburridas. Sin embargo, lo acepta como parte de la realidad de convertirse en un adulto «maduro». Aunque esto le preocupa de vez en cuando, en los momentos de inquietud y aburrimiento, no le preocupa lo bastante como para arriesgarse a renunciar a nada para cambiar.

Cuando no está trabajando, está con su familia o haciendo vida social con su pareja. No hay tiempo suficiente para tener sus propios amigos íntimos, ya sean hombres o mujeres. Ese tipo de necesidad le parece incluso infantil e innecesaria. Su vida se está reduciendo rápidamente a su trabajo y su familia.

Para entonces su relación con la mayor parte de los hombres es distante y cautelosa; incluso se siente un poco paranoico con respecto a la mayoría de ellos; no se trata de una paranoia «loca», sino «realista». Esto es, a medida que asciende por la escalera del éxito, se da cuenta de que mira hacia atrás para ver quién se está acercando a sus posiciones. Vigilará a los que se encuentran a su nivel para ver si están avanzando más rápidamente que él o dificultando su avance. Y mirará a aquellos que se encuentran por encima de él con cautela e inseguridad, porque tienen poder sobre él y pueden influir en su futuro. Le preocupa lo que piensen de él y que aprueben o no lo que hace.

El mirar hacia atrás, a los lados y hacia arriba, creará en él una tensión y una ansiedad crónicas, una sensación de cautela y de peligro que hará difícil, si no imposible, que mantenga una relación íntima y de confianza con la mayoría de los demás hombres.

Su situación familiar comienza a mostrar síntomas de tensión. Su mujer se queja de que pasa muy poco tiempo en casa y de que, incluso cuando está, parece ensimismado y tiene tendencia a ignorarla. El escucha sus quejas y se encuentra ante un conflicto. Cuando está trabajando duramente para triunfar, se siente culpable de negar su compañía a su familia. Cuando intenta olvidar las preocupaciones y relajarse más en casa, tiene sentimientos de ansiedad por su trabajo que le impiden disfrutar realmente. El conflicto le hace sentirse resentido y algo desesperado.

Cuando escucha quejarse a su mujer de que pasa muy poco tiempo con su familia, puede justificar el hecho de dedicar cada vez más tiempo al trabajo porque sabe que si dejara de haber dinero ella tendría un verdadero motivo de queja.

En el trabajo las cosas están empezando a ir muy bien, desde el punto de vista financiero y de posición social. Sin embargo, no resulta tan satisfactorio y gratificante como se había imaginado que sería disfrutar de más dinero y posición; ni siquiera le hace sentirse demasiado seguro. Muy al contrario. Ahora una gran parte de sus energías y preocupaciones se van en intentar mantener lo que ha conseguido. Aunque tiene más que nunca en su vida, incluyendo una casa, un coche caro, inversiones y dinero en el banco, se siente más inseguro que nunca porque teme perder su tren de vida. La perspectiva de perder puestos y tener que pasarse sin lo que tiene ahora le resulta aterradora.

Cuando está en casa, se muestra distante, despegado y pasivo, en contraste con la actitud segura y decidida que presenta ante el mundo exterior. Lo atribuye a la fatiga y al exceso de trabajo.

Su mujer le presiona para que se abra más, para que le diga lo que piensa y siente, porque su reserva le preocupa. Esto le pone continuamente ante un conflicto que le hace sentirse interiormente furioso cuando ella empieza a empujarle para que se muestre más participativo. No tiene ganas de hablar, y obligarle a hacerlo le resulta doloroso.

Además, si le contara algunas de las cosas que estaba pensando, sobre todo sus fantasías con otras mujeres, de todos modos no podría soportarlo. Lo más seguro, decide, es simplemente estar en casa lo bastante para que ella se dé cuenta de que se esfuerza y ponerla al corriente de todo lo que pueda contarle cómodamente para mantenerla contenta. Se odia a sí mismo por mostrarse tan cerrado y manipulador, pero no es capaz de ver otra salida segura a la situación.

Para entonces ya ha avanzado demasiado en su camino hacia el éxito y éste, en lugar de ablandarle en su actitud hacia los demás, le ha endurecido y le ha hecho más cínico. Antes se decía que una vez que se sintiera seguro, empezaría a ser más sincero y auténtico con los demás, puede que incluso recuperara su idealismo adolescente. Pero ahora está demasiado ocupado intentando conservar lo que ha conseguido y tiene miedo de poner en peligro todo lo que ha construido si creara «malas» vibraciones. Además, ya no le parece que merezca la pena todo ese jaleo y realmente no le importa lo bastante para arriesgar mucho. Se dice a sí mismo que él y su familia son lo primero y la razón principal por la que sigue adelante. No pondrá en peligro todo lo que ha luchado tanto por conseguir.

Esos sentimientos idealistas y románticos que abrigaba antes sobre la vida, ahora se encuentran sepultados bajo una visión «objetiva» de la realidad. En lugar de volverse más liberal a medida que comienza a «conseguirlo», se sorprende a sí mismo volviéndose más conservador, tanto políticamente como en su actitud ante el crimen, la vida hedonista, etc. Su visión «objetiva» del mundo ha hecho que cada vez lo vea más con los ojos de su padre. «En este mundo impera la ley de la selva.» «Sólo los más fuertes sobreviven.» «Los buenos chicos llegan los últimos.» «Cada uno a lo suyo.»

Ya ha limado todas las asperezas de la imagen que ofrece al exterior. Esconde bien sus cartas y se ha vuelto absolutamente cauteloso sobre lo que ocurre en su interior. No revela sus temores, frustraciones y angustias a nadie, porque le parece que sería una pérdida de tiempo y que los demás no le comprenderían ni sabrían qué hacer. Además, sería «impropio» de él.

Incluso aquellos que considera sus amigos no podrían decir que lo conocen realmente. Les gusta y le consideran un «buen tipo» y agradable, pero él sabe que no lo ven tal y como es realmente: no ven al hombre decidido, a veces despiadado, otras asustado, a veces solitario, otras lascivo. Sólo ven la punta del iceberg. Si se les pidiera que intentaran describirlo, probablemente acabarían por admitir que como persona es, en gran medida, un desconocido para ellos.

El justifica su soledad y aislamiento diciéndose que básicamente es una persona «reservada». De todos modos, la mayoría de las personas que conoce no le gustan demasiado. Le parecen falsas y demasiado preocupadas por sí mismas, así que para qué permitirse intimar con ninguna de ellas.

Una de las mayores ironías del camino hacia el éxito, para él, es que, al tiempo que desea ser promocionado y ascender por la escala, está descubriendo una dolorosa realidad: cuanto más gana en posición, menos competente se siente en su trabajo, y más preocupado de no ser capaz de estar a la altura de lo que se espera de él.

Le molesta especialmente porque reconoce que «demostrar su valía» es un juego que no tiene fin y que cada vez se hace más difícil. Nunca puede demostrar lo bastante su valía y, en lugar de sentirse contento por los logros del pasado, sus preocupaciones principales están siempre relacionadas con las dudas sobre si será capaz de responder al nuevo y más difícil desafío.

Los confusos y sempiternos sentimientos subyacentes de ansiedad se están haciendo más fuertes. En consecuencia, cada vez le resulta más difícil tomar decisiones. Su memoria está empeorando y tiene la impresión de que si no apuntara las cosas, no se acordaría de nada. Esto le hace sentirse menos seguro de sí mismo. Piensa que quizá está envejeciendo prematuramente.

Le preocupa que los que trabajan con él empiecen a calarle. Ya abriga serias dudas sobre si cuenta con su respeto. En sus fantasías se imagina que le consideran un farsante y un manipulador, porque así es como se ve a sí mismo con frecuencia. Y luego está ese temor que le corroe de que un día hará algo, no sabe qué, y echará por tierra de un plumazo todo lo que ha tardado años en conseguir.

Unos años atrás empezó a tomarse una copa o dos a la hora de la comida, sobre todo en las de trabajo. Ahora se encuentra con que bebe todos los días a la hora de la comida y alrededor de las diez de la mañana empieza a esperar el momento con impaciencia. Cada vez resulta más difícil imaginarse un día sin beber.

Siente una amargura y frustración cada vez más profundas en relación con su mujer y su familia. No se siente apreciado; si acaso le parece que sus exigencias desconsideradas no hacen más que aumentar su carga. Le irrita la manera que tienen de dar por hechas las cosas que compran con sus ganancias. Han llegado a esperarlo como si tuvieran derecho a ello. Le enfurece especialmente que sus hijos hablen mal de sus «ilusiones materialistas de clase media». Le gustaría decirles que se busquen a otra persona que los mantenga, pero se contiene. Intenta comprenderlos.

La vuelta a casa ya no resulta muy reconfortante, como le parece que debería ser. No siente que reciba ningún aliento de los demás y le molesta que todos esperen simplemente que se muestre fuerte continuamente. Se pregunta qué ocurriría si todo se viniera abajo y no pudiera seguir jugando al «hombre fuerte». Le aflige y le irrita sólo pensar en ello.

El abismo entre él y su mujer es cada vez mayor. Ella parece haber perdido su vitalidad y le dice que se siente cansada y vacía. Es en este momento cuando él se resiste a compartir nada con ella porque no quiere agobiarla aún más cargándola con sus problemas.

Mientras que en los primeros cinco o seis años de matrimonio ella se mostraba bien dispuesta a hacer de consoladora y de «madre tierra», últimamente parece resentida siempre que nota que él la está tratando como a una «figura materna».

Quizá porque ese es el *único* modo de relación que parece capaz de seguir manteniendo con ella. Por ejemplo, su vida sexual prácticamente no existe; hasta conseguir una erección se ha convertido en una tarea penosa. La mayor parte del tiempo él se limita a fingir en la cama. Ha tenido bastantes «fracasos», así que empieza a pensar que es posible que tenga uno de esos problemas de impotencia. Cuando lo consigue en la cama de matrimonio, con frecuencia es con una fantasía de otra mujer en su cabeza.

Exteriormente ahora es el prototipo de hombre de éxito: fuerte, independiente, con una familia «normal» y «feliz». Pero en su interior tiene que luchar contra profundos cambios de humor que no comprende y es incapaz de controlar. Cuando se siente bien, se siente realmente bien, como si sólo el cielo fuera su límite. En esos momentos se siente poderoso y enamorado de su vida. Después su ánimo decae bruscamente y en esos períodos se siente deprimido y paranoico por cualquier cosa. Las cosas le parecen fútiles, sin amor, como si se encontrara en una gran jaula con un montón de animales encerrados. Los bajos estados de ánimo son ahora más frecuentes y prolongados.

Lo que más miedo le da es ver lo que les está pasando a algunos tipos que conoce desde hace diez años. Casi la mitad están divorciados, y aunque dicen que están muy contentos de ser libres, parecen perdidos. Además, renunciaron a casi todo cuando dejaron a sus familias y él siente miedo y pena por ellos.

Otros que siguen casados, beben demasiado y parecen diez años más viejos de lo que son. Todo el mundo parece tener problemas físicos: si no es una úlcera, es un problema de espalda. Y todos ellos, incluido él, están obsesionados con los ataques al corazón. Además de los coches y la política, parece que uno de los temas de conversación preferidos a la hora de la comida es diagnosticar si se tiene una personalidad del tipo A o del tipo B y qué probabilidades tiene cada uno de sufrir un ataque al corazón. Periódicamente le entra la fiebre de hacer ejercicio, pero estos arrebatos nunca duran demasiado.

Cuando se mira al espejo, sabe que físicamente se ha abandonado, pero se dice que en el momento en que lo desee puede volver a ponerse en forma en una o dos semanas. De vez en cuando, para demostrar que no ha perdido tanto, juega al fútbol o al baloncesto con los niños, y se esfuerza al máximo.

En los intervalos toma vitaminas y otros elixires mágicos para retrasar el proceso de envejecimiento y darse más tiempo de arreglar las cosas y de disfrutar de los frutos de su éxito, lo que sigue pensando hacer algún día. Pero las señales que tanto teme le saltan a la vista cada mañana al afeitarse: tiene la cara carnosa, bolsas debajo de los ojos, y su pelo se le cae y blanquea casi de un día para otro.

Ha empezado a tener amantes. La primera vez estaba realmente asustado. Le preocupaba que alguien se enterara y que llegara a saberse, o encontrarse con su mujer al salir del motel, aunque estuviera a kilómetros de cualquier lugar habitado. Ella parecía tener un misterioso sexto sentido para saber dónde se encontraba en todo momento, aunque él no se lo dijera. Tenía miedo de que pasara por allí, viera su coche aparcado y se quedara esperándolo.

Al año se muestra más despreocupado y descuidado, incluso deja de sentirse culpable y se dice que tiene que hacerlo para conservar la cordura. De manera que lo que empezó como una experiencia ocasional y dominada por el sentimiento de culpa, ahora se convierte en una razón de ser. Descubre que es lo único que hace en toda la semana, que espera realmente con ansiedad y que le hace sentirse vivo. Se da cuenta de que está estructurando todo su programa alrededor de esas pocas horas de descarga sexual y de ternura.

Ahora le resulta más fácil que nunca ocultarle sus amoríos a su mujer, porque ella cree que es casi totalmente impotente y él ha dejado de intentar demostrar lo contrario, y ni siquiera tiene que preocuparse de si le queda algo para ella por las noches después de sus juergas vespertinas.

En su aislamiento y enajenación se vuelve vulnerable a cualquier mujer que manifieste interés por él y se muestre sensible a sus sentimientos. Hasta una secretaria que le pregunte cómo quiere el café y comente que parece cansado, le excita y le hace sentirse aceptado como persona, con sus necesidades y sentimientos. Pero con cada nueva amante se asegura a sí mismo que todo está bajo control. No es más que el sexo por el sexo y nunca pasará a mayores, se dice.

Esto resulta cierto durante un par de años, y luego conoce a alguien que le parece distinta a las demás. Tiene veintitantos años y parece llena de vitalidad, fresca y no estropeada aún por la vida. Aunque es joven, él la ve como alguien que verdaderamente «entiende», como una persona madura, sensible y perspicaz.

Se abre a ella y le cuenta todo. Ella le hace sentirse libre. Los ratos que pasa con ella son espléndidos y llenos de vida. Ir al trabajo todas las mañanas sabiendo que ella estará allí, le hace sentirse como cuando iba al colegio y estaba enamorado de alguna niña. Se preocupa de su ropa y de su olor.

A las seis semanas de la relación apenas piensa en cosa o persona alguna. Cuando no está con ella, está pensando en ella. Nunca creyó que podría ocurrir, pero ahora se debate realmente con la idea de abandonarlo todo y marcharse con ella. Todo lo que ha conseguido, su carrera, su familia, sus posesiones materiales, ahora le parece absolutamente carente de sentido y está dispuesto a renunciar a ello.

Se está dando cuenta intensamente de que de todas formas no estaba obteniendo ninguna satisfacción con todo ello, de manera que no es que *en realidad* esté renunciando a gran cosa. Ahora se da cuenta de que todas estas cosas no eran más que puntales que le protegían de sus sentimientos y se siente seguro de que podría pasar sin ellos fácilmente.

Mientras tanto, su novia le dice que se siente culpable y que no quiere destrozar un hogar y que abandone a su familia por ella. Pero cuando acto seguido le dice que le quiere, él se siente seguro de que en realidad ella secretamente quiere que lo haga, aunque nunca lo diga directamente.

A medida que el amorío va ganando en intensidad, pueden ocurrir varias cosas:

1. La primera posibilidad es que su intensidad, su creciente dependencia y la necesidad casi frenética que tiene de ella la asusten y la aparten de él.
2. Es posible que su mujer lo descubra y después de una fuerte escena de histeria y de echarle a gritos de la casa le diga que deje a su amante o pedirá el divorcio. El se lo piensa dos veces e intenta acabar con la otra relación, pero no puede pasarse más de tres días sin verla: está atrapado. No puede vivir sin su novia. Se va de casa y pone en marcha los trámites del divorcio.

Lo más probable es que poco después de irse de casa descubra que su amorío ya ha perdido parte de su emoción. Empieza a preguntarse si no habrá utilizado el amorío simplemente como excusa para escapar. Quizá no fuera más que una fantasía. Vuelve a poner los pies en la tierra después de la inyección de energías de su amorío, tiene miles de dudas y vuelve a reconsiderar las cosas. Ha renunciado a todo lo que ha conseguido con su trabajo y está empezando a preguntarse si no habrá sufrido una especie de locura cuando lo dejó atrás.

Intenta una reconciliación, pero es muy difícil. Siempre que se reúnen, se acusan mutuamente. Repentinamente su mujer ya no le parece tan frágil. Se ha endurecido. Dice que no puede confiar en él, que ya la ha atormentado demasiado y que está harta de ser masoquista. Se pasan algún tiempo más diciéndose esto y aquello, y luego él se da cuenta de que verdaderamente se ha terminado. Salva lo que puede del naufragio. Hay bastantes posibilidades de que entable una relación seria con la primera mujer que se muestre compasiva con él; no una veinteañera, sino alguien de edad más similar a la suya.

3. La tercera alternativa es que rompa con su amante a tiempo, antes de que se entere su mujer. Ha recuperado su «racionalidad». Se dice que ha pasado por una crisis de madurez, que si llevara a cabo cambios radicales podría lamentarlo.

Así que vuelve junto a su mujer, pero empieza a sentirse cada vez más profundamente deprimido, más que nunca en su vida. Se cuestiona todo por lo que se ha pasado tantos años esforzándose, y no le parece que sea gran cosa. Se esfuerza realmente por adoptar un ritmo más tranquilo. Intenta pasar más tiempo con su familia. A veces parece que todo el mundo se lleva bien y eso le hace sentirse contento.

Más tarde, empieza a crisparle los nervios. Los niños tienen su propia vida y, en cualquier caso, no parecen interesarse por él. Su mujer se queja de innumerables dolencias, y cuando sale con ella se da cuenta de que está «intentando» divertirse y mostrarse interesada, pero que, en realidad, no lo consigue. El mismo sabe que también se está esforzando demasiado y fingiendo que disfruta de muchas cosas, cuando no es cierto.

El tiempo de más que se pasa en casa le hace sentirse intranquilo. Se da cuenta de que no le gusta el ocio. No se ve jugando al golf, leyendo o viendo la televisión eternamente. Decide retomar las viejas rutinas de trabajo. Nunca pensó que se sentiría así, pero ahora se da cuenta de que casi preferiría morirse a tener que enfrentarse a la jubilación.

Su ritmo de vida varía cada vez menos. A veces, se siente un poco mejor, después un poco peor. Quizá no sufra alteraciones durante algún tiempo hasta que se desencadena otra crisis. Lo único que quiere es mantener la cabeza por encima del agua. El camino hacia el éxito ha mostrado su verdadero rostro.

IX. EL PERDIDO ARTE DE LA CAMARADERIA

Mientras preparaba este capítulo, no dejaba de acordarme de un seminario de diez días sobre la agresividad en el que participé hace poco. Una actriz iba a dirigir un programa nocturno sobre el tema de la agresividad y el teatro.

> Llegó a primera hora de la tarde del día en que se iba a rodar el programa acompañada por una amiga más o menos de su edad que la ayudaría a prepararse para la presentación de esa noche. Las dos eran mujeres atractivas, normales, de éxito y heterosexuales y su amistad e interacción resultaba muy interesante de observar. Su amiga rondaba continuamente a su alrededor, tan interesada y preocupada porque todo quedara artística y correctamente dispuesto como si fuera su propio programa. Tranquilizaba y animaba a la actriz cada vez que ésta manifestaba alguna duda o ansiedad, la alentaba continuamente y le comunicaba entusiasmo y emoción anticipadas ante la velada. Luego la ayudó a ponerse un complicado atuendo y se aseguró de que su maquillaje y su aspecto general eran perfectos. Cuarenta y cinco minutos antes de que empezara el programa le dijo que se fuera a descansar un rato, y se ofreció para llevar a todo el mundo a su asiento e informarles de que no se podía fumar. Cuando empezó el programa, estaba allí para participar y para mantenerlo animado, y cuando todo terminó, abrazó a su amiga y la ayudó a recoger todo el material y a meterlo en la furgoneta. Salieron

a celebrarlo con algunas personas. Aunque la amiga estaba casada y con hijos, en ningún momento expresó el sentimiento de que se estuviera abusando de ella ni se apresuró a volver a su casa.

Al observar esta interacción a lo largo de siete u ocho horas me sentí profundamente conmovido, celoso y entristecido al mismo tiempo. Los celos y la tristeza que sentía eran por mí mismo y por muchos otros hombres que creo que rara vez o ninguna son capaces de tener o llegar a experimentar una relación tan atenta, generosa y cariñosa con otro hombre, una relación en la que se obtenga un gran placer en ayudar a la otra persona para conseguir sus objetivos exactamente como si le estuviera ocurriendo a uno mismo. La existencia de una «camaradería» en la que cada uno de ellos contribuya al éxito y la realización del otro, y obtenga con ello una profunda satisfacción es poco común.

Yo personalmente tengo que remontarme a mi época de la escuela secundaria para recordar alguna relación de ese tipo, relaciones en las que nos alegrábamos sinceramente por los triunfos del otro. Cuando pasé a la universidad, parecía que todos los hombres que estábamos allí habíamos sido totalmente emponzoñados por la actitud competitiva que de manera sutil, pero constante, socavaba la posibilidad de llegar a una intimidad y un cariño auténticos. En cambio, nos vigilábamos continuamente, mirábamos de reojo a las mujeres de los demás para ver cuál era la más bonita, y nunca estábamos seguros de poder confiar ni siquiera en nuestros amigos más íntimos cuando estaban cerca de una novia atractiva.

Parecía que todos estábamos abriéndonos paso como podíamos, y aunque no queríamos que nuestros amigos fracasaran, tampoco nos mostrábamos demasiado ansiosos de verlos hacerlo mejor que nosotros, de verlos conseguir algo de lo que nosotros no éramos capaces. Aparte de esto, siempre existía el peligro de ser llamado «marica» si se expresaba abiertamente el cariño hacia otro hombre. Cuando veíamos una manifestación de este cariño, nos sonreíamos con aire de complicidad.

Como hombres adultos de nuestra cultura, el fenómeno

de no tener ni un solo compañero o amigo íntimo es muy común; en realidad, está tan extendido que no se considera extraño, ni siquiera se habla de ello. Más bien se da por hecho. Muchos hombres entrevistados por mí admitieron que no tenían un amigo íntimo varón en el que confiaran totalmente y con el que intercambiaran confidencias. Pero la mayoría parecía admitir la situación como algo normal y aceptable.

En una ocasión en que estaba pasando un fin de semana en un lugar de veraneo, me puse a hablar de este libro con la mujer de un empresario de éxito que tenía negocios inmobiliarios en California. Le dije que incluiría un capítulo sobre las amistades masculinas. Me comentó: «Me gustaría poder encontrarle un buen amigo a mi marido. Tiene montones de conocidos del trabajo, pero ni un solo amigo de verdad. Y sé que se siente solo. No hay nadie a quien llame nada más que para saludarle y charlar un rato. Siempre es por algún asunto de negocios o de familia.»

En ese momento esta mujer estaba sentada con dos amigas con las que se había ido de vacaciones. Sus maridos se habían quedado en casa porque tenían compromisos de trabajo. Se pasaron toda la comida charlando alegre y tranquilamente entre ellas, contándose anécdotas familiares, discutiendo asuntos íntimos relativos a sus maridos, amigos íntimos, los niños o ellas mismas. Era evidente que disfrutaban estando juntas, y escuchaban y respondían con facilidad.

En una mesa de al lado había varios hombres sentados. En contraste con las mujeres, parecían incómodos y tensos. Parecían tener poco que decirse, ya que miraban su comida o paseaban la vista por el comedor sin mirar a nadie en especial. De vez en cuando, uno contaba un chiste o intentaba decir algo ingenioso. La interacción era claramente tensa, hasta que llegó una mujer que conocía a uno de ellos y se sentó a la mesa. Repentinamente los hombres se mostraron más animados y relajados. Hasta ese momento no había ningún dinamismo en su interacción, ni espontaneidad ni participación relajada.

Cuando los hombres intentan relacionarse entre ellos, siempre parece que exista un bloqueo por las dos partes; es decir, no se sienten cómodos compartiendo sus aspectos negativos: sus fracasos, angustias y decepciones. Quizá temen que se les considere débiles, fracasados gimoteantes o llorones, una impresión que es una amenaza para su imagen masculina. Tampoco parecen sentirse cómodos compartiendo sus alegrías o sus éxitos, porque temen provocar envidias competitivas o parecer jactanciosos. En consecuencia, las interacciones verbales sociales entre hombres se concentran en temas neutrales y, en gran medida, impersonales como los coches, los deportes y la política.

Cuando estaba entrevistando a hombres adultos, me llamó especialmente la atención el aislamiento de los que estaban casados. Aunque casi todos negaban que se sintieran solos, señalaban que sus mujeres eran sus únicas amigas íntimas, la única persona en la que realmente confiaban. Atribuían la falta de amigos hombres a estar demasiado ocupados, pero las verdaderas razones eran bastante más complejas.

> Hasta dos años antes de conocerlo, Ralph, un vendedor de cristal, casado y de treinta y tres años, tenía un amigo íntimo, un antiguo compañero de la escuela secundaria. Después, su amigo empezó a ganar mucho más dinero que él, reformó su casa y mandó construir una piscina y una sala de billar. Poco tiempo después Ralph dio por terminada una amistad de diecisiete años y lo explicaba así: «No quería que pensara que iba a verle solo para bañarme en la piscina.»
>
> Ralph era una persona enérgicamente independiente e impulsiva antes de su matrimonio, pero poco a poco empezó a depender cada vez más de su mujer, hasta el punto de asustarla y molestarla. Le dijo que ella lo era todo para él, y que esperaba morir antes porque nunca podría soportar la soledad de vivir sin ella.

> Alan, de cincuenta y cuatro años, director de una importante agencia de viajes. A lo largo de la entrevista manifestó un sentimiento que he oído expresar a muchos hombres de diferentes maneras. Dijo que no tenía ningún amigo íntimo, porque los únicos hombres que veía eran sus compañeros de trabajo: «Evito hacer vida social con los tipos que trabajan para mí. Creo que no es un buen asunto. Si quieres que el trabajo se haga, tienes que mantener una especie de objetivi-

dad impersonal.» Añadió que muchos de los hombres con los que trabajaba le gustaban de verdad, pero que no podía correr el riesgo de mostrarse demasiado amigable.

Alan sólo se acordaba de haber tenido un amigo íntimo de adulto, y había muerto tres años atrás. Pero aun siendo íntimos, sólo se veían en compañía de sus mujeres. Siempre que llamaba a su amigo por teléfono y hablaba más de cinco o diez minutos, su mujer le reprendía por cotillear como una «portera». Esto le hacía sentirse violento hasta que, por último, renunció totalmente a las llamadas.

Le cuesta trabajo hacer amigos. Aunque muchos de los hombres que conoce son más jóvenes que él, invariablemente su relación con ellos es muy competitiva y defensiva. Justificaba su falta de amigos por el hecho de que su mujer se sentía indispuesta con frecuencia. «Me sentiría como una rata si saliera a divertirme mientras ella está sentada en casa.» Por tanto, pasa su tiempo libre arreglando los coches, en el jardín o haciendo arreglos en la casa.

Gregory, importador de bicicletas, de veinticinco años. Según Cindy, su mujer, «hasta que Gregory empezó la terapia de grupo, no creía que ningún hombre pudiera interesarse por sus sentimientos. Creía que resultaba impropio comunicar sus sentimientos a otro hombre». Antes de la terapia de grupo sus amigos, sobre todo, eran las viejas amigas de la universidad de Cindy y sus maridos. Los maridos nunca se reunían por su cuenta, sólo como parte de una pareja.

Gracias a la terapia de grupo, Gregory se ha acercado más a los hombres, pero aun así tiende a desempeñar la función de analista y a escuchar más que a abrirse él mismo. Se dio cuenta de que, incluso en la terapia de grupo, había mucha competitividad entre los hombres, sobre todo por lo que se refería a determinar con precisión los propios sentimientos. «Pobre de ti si no estás en contacto con tus sentimientos mejor que nadie», dijo.

Pero Gregory sigue sintiendo que no tiene un «amigo de verdad», alguien a quien pueda contarle todo y en quien pueda confiar por completo. Su mujer admitió que intenta enfriar algunas de sus amistades del grupo porque en algunos casos han llegado a ser demasiado intensas y los hombres llaman a Gregory para pedirle ayuda a la hora de la cena o a altas horas de la madrugada. Gregory siempre salía corriendo a verlos si querían hablar, y su mujer empezaba a sentirse resentida por ello. También se sentía incómoda por el hecho de que él volviera solo a ella en busca de consuelo. «Me dice que tiene los nervios de punta y que quiere que le ayude porque nadie más puede hacerlo. Le doy un masaje en la espalda y hago todo lo que puedo por escucharle; pero se pone realmente furioso cuando se me va la cabeza y me pongo a pensar en otros asuntos cuando él está hablando y tengo que pedirle que repita lo que ha dicho que siente.»

Los hombres entrevistados explicaban su separación de los otros hombres de diversas maneras. Los demás hombres son demasiado «rígidos», están demasiado «jodidos», «a la defensiva», «siempre compitiendo», «demasiado distantes» y «aburridos». Como dijo uno de ellos: «No es divertido estar con ellos. Prefiero estar con una mujer.»

Los hombres casados comentaban a menudo que no se sentían a gusto con los divorciados, porque les deprimían demasiado. Tachaban al hombre divorciado de inmaduro. También resultó que, con frecuencia, era la mujer del hombre casado la que desaprobaba este tipo de relaciones porque se sentía amenazada por la posibilidad de que su amigo divorciado influyera en él.

Varios hombres divorciados comentaron que hasta que no se disolvió su matrimonio no se dieron cuenta de que, en realidad, nunca habían disfrutado de la compañía de muchas de las parejas a las que veían durante su matrimonio. Es decir, muchos hombres que parecían disfrutar de la compañía del otro cuando se reunían como miembros de una pareja, descubrieron que no tenían nada en común al verse por su cuenta sin sus mujeres.

Algunos hombres expresaron la creencia de que si agobiaban a otro hombre con sus problemas esto les dejaría en deuda con ellos. Las amistades eran consideradas, en cierto sentido, como intercambios comerciales. Si pedías ayuda, se esperaría de ti que la ofrecieras en algún momento futuro.

En el terreno de las amistades también muchos hombres mantenían una relación con sus mujeres en las que éstas

pueda ayudar a otro a progresar o ampliar su territorio social o profesional, la relación seguirá siendo viable. Pero una vez que desaparece la posibilidad de un beneficio mutuo, también tiende a desaparecer la relación.

La fase manipulativa también puede adoptar otras formas. Una bastante común es la de la relación entre el hombre de éxito y su «perrito faldero» u «hombre para todo», el mentor y su discípulo, el hombre poderoso y el adulador. El hombre de éxito es a menudo una persona solitaria y aislada que sólo puede relacionarse con facilidad con una persona que le respete e incluso le adore y que esté siempre a su disposición. El seguidor obtiene su compensación del placer que le produce compartir el aura de prestigio del otro, y tiene la esperanza de acabar haciéndose emocional y realmente indispensable (lo que ocurre a menudo) y de este modo obtener algunas recompensas materiales y reforzar su posición social.

La fase manipulativa puede resultar destructiva si un hombre es utilizado en perjuicio propio. En ese caso es tratado como un objeto y desechado cuando ya no es útil. El cuidado mutuo desaparece cuando el manipulador ha conseguido lo que quiere y se va en busca de otros pastos más verdes.

B) El siguiente paso en el desarrollo de una relación entre hombres es la *fase de compañerismo*. Las relaciones de compañerismo son básicamente relaciones segmentarizadas que giran alrededor de alguna actividad específica común como jugar al golf, ir a las carreras de caballos, beber juntos, buscar mujeres, jugar a las cartas, etc. Si uno de los hombres se pone enfermo, muchas veces no volverá a ver a su compañero hasta que se haya recuperado y esté preparado para volver a jugar.

La actividad compartida se convierte en la estructura de seguridad o la excusa para reunirse. Ayuda a definir y limitar la interacción de tal modo que la intimidad espontánea resulte innecesaria. El compañerismo es una forma de utilización mutua, pero, por lo general, lúdica y benigna. La relación está limitada una vez más, por no estar verdaderamente basada en el mutuo afecto. En consecuencia, cuando el interés que se tiene en común deja de existir, la relación tiende a marchitarse y desaparecer.

C) El compañerismo, tras un período de prueba por las dos partes, a veces puede evolucionar y llegar a la *fase de la amistad*. Una de las pruebas para determinar si un compañero puede convertirse en un amigo es su reacción ante la competición, ante la victoria y la derrota. Si un hombre tiende a provocar la envidia y los celos del otro, no se pasará a la fase de la amistad. Sin embargo, si los dos hombres son capaces de disfrutar enseñándose el uno al otro y con el éxito individual de cada uno de ellos, puede nacer la amistad.

Es decir, una relación puede pasar de la fase de compañerismo a la de amistad si cada una de las dos personas se siente considerada por la otra y no es vista exclusivamente como un competidor. En este caso, las formas alienantes de la competitividad han sido sublimadas y los hombres no se sienten vencidos cuando pierden. La interacción no genera una necesidad compulsiva de ser el mejor. Se encuentra placer con la única compañía del otro y existe la capacidad de mantener una conversación libremente fluida y no necesariamente limitada a un tema en particular.

En la fase de la amistad existe ayuda mutua, compasión y una buena disposición a acompañar al otro en caso de apuro. Un amigo prestará su dinero y otros objetos valiosos, como un coche. Se interesará por la salud de su amigo cuando está enfermo y le proporcionará una cama en la que dormir cuando sea necesario.

Esta fase está relativamente desprovista de manipulación mutua, y en ella participan más todas las dimensiones de la persona. Pero sólo puede llegar a ser una camaradería una vez que se haya pasado por una crisis que haya puesto a prueba la amistad. Si la crisis es superada, si cada uno revela sus debilidades y éstas llegan a ser respetadas y si se desarrolla una profunda confianza, puede dar comienzo la fase de la camaradería.

D) *La camaradería* es la forma más profunda de interacción entre hombres. Las camaraderías que ya han atravesado algunas crisis tienen una gran riqueza de dimensiones que generalmente no puede existir en las relaciones más profundas entre hombres y mujeres. Por ejemplo, tiene aspectos de una buena interacción padre-hijo o de una relación cariñosa de hermano a hermano. Cada uno de los camaradas puede asumir alternativamente la función de maestro o guía del otro y se complacerá en el desarrollo y el progreso de los talentos del mismo. Y también hay un clima de cordialidad y comprensión empática y consuelo cuando uno de los dos se siente débil, hace el tonto o se muestra vulnerable. En estos casos, uno de los camaradas ofrece al otro estabilidad y apoyo. Se comparten los recursos alegremente, tanto materiales como emocionales. El elemento competitivo no tiene ninguna trascendencia y la victoria de uno de ellos se convierte en la victoria de los dos.

La dimensión fraternal de la camaradería conlleva el cuidado mutuo, en el que cada uno protege al otro de la explotación. Es esta fase de la interacción entre hombres la que suele resultar más amenazadora para la mujer o la novia de uno de los camaradas. Es decir, un camarada no dudará en decirle al otro cuándo le parece que está dejando que una mujer lo manipule o lo controle de manera destructiva para él.

La camaradería también puede resultar amenazadora para la mujer que mantenga una relación con uno de los camaradas, porque ella no comparte muchos de sus aspectos. Los camaradas se confían sus sentimientos más profundos sobre sus relaciones, sus fantasías personales y sus experiencias privadas o secretas. Esto puede resultar muy inquietante para una mujer comprometida con uno de ellos, y sus celos por esta relación pueden ser aún más fuertes que los que sentiría si se tratara de otra mujer, en parte porque una relación con otra mujer puede atacarse sobre la base de que es una traición a la confianza depositada en él, pero una relación entre camaradas no.

Por consiguiente, la mujer puede intentar consciente o inconscientemente socavar o destruir la camaradería. Puede intentarlo con comentarios despectivos, con halagos o con insinuaciones maliciosas. «¿Para qué lo necesitas? Es un bebé grande», «Sólo te está utilizando», «Sois como dos adolescentes demasiado crecidos para vuestra edad», «No está a tu altura»,

«Tiene celos de ti», «Es un fracasado», «Siempre estás besándole el culo», «¿Por qué no te acuestas con él? ¡Te pasas más tiempo con él que conmigo!» Puede hacer insinuaciones sobre su homosexualidad latente. Se producirán furiosas discusiones, sobre todo cuando una mujer o novia vea a «su hombre» hacer algo por un camarada que puede que no hiciera por ella o le preste dinero o posesiones materiales, haciéndola sentirse de algún modo desposeída de aquello a lo que tiene derecho.

Los celos y el resentimiento femeninos ante una relación de camaradería pueden indicar también su comprensión de que ésta puede estar más profundamente arraigada, porque hay más espacio para la libertad en la relación, es menos posesiva y no tiene los componentes de celos y de rigidez de funciones que se dan con frecuencia en las relaciones hombre-mujer.

Las camaraderías están relativamente libres de funciones preestablecidas. Cada uno de los hombres se siente lo bastante seguro como para estar abierto a la posibilidad de hacer el tonto y el ridículo y de actuar de manera espontánea e infantil, y también de expresar su afecto de tal manera que es posible que no se sienta lo bastante confiado para manifestar ante nadie más.

El arte de la camaradería no se ha desarrollado en nuestra cultura porque requiere tiempo, la disposición a superar las crisis, a enfrentarse a la posibilidad de disgustar al compañero o compañera heterosexual, a soportar las insinuaciones e indirectas hostiles sobre la homosexualidad latente, y una madurez y competencia sociales que no encuentran reconocimiento ni recompensas sociales como sucede con el matrimonio, por ejemplo. Sólo cabe esperar que los demás se sientan violentos ante esta relación, sobre todo si es especialmente intensa. Los camaradas son acusados de ser emocionalmente inmaduros y de descuidar otras actividades y relaciones más importantes. Con frecuencia, estas relaciones son vistas como una amenaza para la relación «madura» entre marido y mujer porque exigen tiempo, dedicación, compromiso, apoyo mutuo y amor. Pero las recompensas que puede reportar son grandes por cuestiones de mutuo apoyo, ayuda e independencia. Pueden soportar tensiones que pocas relaciones entre hombres y mujeres aguantarían, porque no tienen ataduras legales y contractuales que les obliguen a permanecer unidos.

La falta de una relación de este tipo hace especialmente vulnerable al hombre. Intensifica en exceso la dependencia de su mujer, agobiándola con una carga emocional que puede sofocar y destruir su relación. Cuando se rompe una relación importante con una mujer, el hombre no tiene a quién recurrir. Además, una vez que el hombre llega a depender única y exclusivamente de una mujer para la satisfacción de sus necesidades emocionales, no puede permitirse arriesgarse a perderla. Por consiguiente, mostrará una mayor propensión a aferrarse a una relación desdichada e insatisfactoria movido por la desesperación y el temor paralizante a no recibir ningún sustento emocional.

Desde mi punto de vista, la falta de camaradería es también un factor que influye de manera importante en el índice de suicidios, significativamente más alto para los hombres, y en la tasa de mortalidad, significativamente más alta para los hombres divorciados en comparación con las mujeres divorciadas. En lugar de tender la mano para recibir la ayuda, el consuelo y el apoyo de un camarada, se oculta tras una fachada de fuerza e independencia, o busca desesperadamente a otra mujer, a menudo embarcándose prematuramente en otra relación. Cuando no hay ninguna mujer a su disposición, puede sumirse en su aislamiento y alienación, y ser más propenso al suicidio.

Creo que *el hombre tiene que darse cuenta de la importancia de una relación de camaradería y aprender a desarrollarla.* El camino que lleva hasta ella es difícil y arriesgado, y para emprenderlo es necesario tener una clara conciencia de la gran necesidad y valor de cara a la supervivencia de una relación de este tipo. Es mucho más difícil comenzar, porque mientras la relación hombre-mujer tiende a entablarse sobre la base de la atracción sexual, la reacción inicial entre hombres es por lo general de cautela, miedo a abrirse y a intimar y una cierta desconfianza. Por tanto, mientras una relación hombre-mujer puede llegar a una situación de intimidad con bastante rapidez, la relación entre hombres tiene que pasar por diversas fases de desarrollo y ponerse a prueba antes de poder alcanzar la intimidad de la camaradería.

El efecto continuado de una camaradería es el desarrollo de un profundo respeto y confianza mutuos y el disfrute de la compañía del otro. La envidia y la competitividad pasarán cada vez más a un segundo plano, a medida que el desarrollo y los logros de su camarada empiecen a hacerle sentirse tan contento como si le estuviera ocurriendo a usted. Sentirán un interés creciente por el otro como persona plena y las cosas concretas que hagan juntos tendrán menos importancia que la sencilla alegría y el consuelo de estar juntos. Una verdadera camaradería durará toda una vida, resistiendo incluso los más tremendos cambios personales en todos los demás aspectos de la vida.

LINEAS MAESTRAS PARA ALCANZAR LA CAMARADERIA

1. Comience por distinguir entre las cualidades que respeta en otro hombre y las que le disgustan.

Los atributos positivos deberían incluir características de la personalidad que producen alegría, libertad de ser uno mismo, disposición a abrirse a los demás y revelarse como personas, una sensación de confianza y seguridad, deseos de mostrarse locuaz y con humor, y de hacer el tonto, interés por explorar, ampliar horizontes y arriesgar, y receptividad para aprender cosas nuevas cuando está cerca de esa persona.

Los atributos negativos incluirán características que tienden a hacerle sentirse pesimista, desconfiado, cauteloso, inhibido, sin impulsos creativos, aburrido, deprimido, resentido y temeroso de la vida cuando está en presencia de esa persona.

2. Dibuje un esquema de sus relaciones sociales y represéntese a usted en el centro y a los hombres que considera camaradas potenciales en círculos a su alrededor. Coloque a los que sienta más próximos más cerca de usted y a los que sienta más alejados de usted en círculos progresivamente más alejados.

3. Ahora defina en términos *específicos* las características que le gustan y le disgustan de cada uno. Las siguientes preguntas pueden resultarle útiles para ello:

a) ¿Se muestra cauteloso y reservado cuando está conmigo y yo me siento cauteloso y reservado cuando estoy con él? Es decir, ¿me siento como si estuviera entrometiéndome, siempre que le hago una pregunta personal? ¿Me siento ansioso y arrepentido cuando le digo algo íntimo sobre mí? ¿Me ofrece libremente información personal sobre él cuando está conmigo y siento yo un fuerte deseo de mostrarme abiertamente cuando estoy con él?

b) ¿Me siento cómodo llamándole por teléfono y me llamaría él sin otro motivo que el de saludarme?

c) ¿Me siento cómodo si voy a visitarlo siguiendo el impulso del momento, o tengo la sensación de que tengo que planear cuidadosamente cada encuentro con él con antelación suficiente y sólo por algún motivo concreto, como jugar al golf?

d) ¿Me siento respetado y apreciado cuando estoy con él, lo admiro y lo respeto?

e) ¿Abrigo sentimientos de envidia y de competitividad hacia él, y siento que él abriga sentimientos parecidos hacia mí?

f) ¿Dice y hace cosas con las que me siento violento y tengo la impresión de que le hago sentirse incómodo?

g) ¿Me sentiría cómodo pidiéndole que me lleve al aeropuerto, que me preste su coche o me deje dormir en su casa cuando lo necesitara? ¿Me sentiría cómodo haciendo estas cosas por él?

h) ¿Me sentiría tranquilo y confiado si él se quedara a solas con mi novia o mujer, y me sentiría tranquilo sabiendo que podía resistir la tentación de seducir a su novia o mujer a espaldas suyas?

i) ¿Tengo la impresión de que puedo crecer, aprender y mejorar a través de la relación con él y de que yo puedo proporcionarle el mismo tipo de ambiente favorable y oportunidades?

j) ¿Tengo interés en conocerlo como persona total o simplemente estoy interesado en él para compartir una actividad determinada y preferiría no intimar más con él en otros sentidos?

4. Una vez que haya decidido quién es un camarada en potencia, debe tener presente que dos de las cuestiones que ofrecen mayor dificultad son la confianza y la dominación.

Para tratar la cuestión de la confianza, pídale a su camarada potencial que defina con usted cuáles son las cuestiones más delicadas, los tipos de comportamiento que destruirán la confianza y los buenos sentimientos entre ustedes. Empiece por lo menos grave, como, por ejemplo, una muestra de indiferencia hacia él cuando usted está hablando de algo que tiene gran importancia para usted. (Un hombre me habló de que se había sentido furioso y había disminuido su confianza en un amigo que tenía la oreja pegada a la radio escuchando los resultados del fútbol mientras él intentaba discutir problemas graves.) Luego pase progresivamente a cuestiones más delicadas, como hacer comentarios despectivos sobre usted ante amigos íntimos, no apoyarle en una discusión con otras personas, revelar a otros algo personal que usted le había confiado o mostrarse seductor con una mujer importante para usted.

En cuanto a la cuestión de la dominación, esfuércese para que el poder y la toma de decisiones por las dos partes estén igualados, de manera que ninguno de los dos acabe encontrándose a la sombra del otro. Organice reuniones en las que cada uno se apunte a una actividad propuesta por el otro, de manera que dediquen una tarde o noche a una experiencia de interés para él y que luego sea él quien siga su iniciativa haciendo algo relacionado con alguno de sus intereses.

5. Compartan sus experiencias sobre decepciones y golpes del pasado con otras amistades. Hablen de los incidentes que dañaron o destruyeron alguna amistad anterior de los dos para conocer las zonas más vulnerables y sensibles de cada uno.

6. Reúnanse regularmente, quizá una vez al mes, reservando algún tiempo expresamente para mantener al día su relación y evitar que se vayan acumulando agravios ocultos. En esos momentos pongan sobre el tapete cualquier incidente o comentario realizado por alguno de los dos que haya causado decepción o malestar al otro. Es decir, estén abiertos a discutir con el otro los motivos de roce *antes* de que creen grandes desavenencias.

X. EL MATRIMONIO: CULPABLE POR ASOCIACION

El hombre siente un poderoso anhelo de mantener una relación amorosa, íntima y exclusiva con una mujer, en contra del estereotipo según el cual se opone fuertemente al matrimonio y a estar «atado». En la actualidad, los hombres se casan jóvenes, si no más jóvenes que nunca hasta ahora. Los hombres divorciados tienen tendencia a volver a casarse tras un plazo significativamente más corto que las mujeres divorciadas. Para el hombre de nuestra cultura, alienado por los otros hombres a causa del fuerte condicionamiento competitivo para relacionarse con las mujeres de manera manipuladora con intenciones sexuales, el deseo de encontrar a una mujer especial cariñosa y comprensiva, y que lo conozca como una persona con sus necesidades es especialmente apremiante.

Sin embargo, hay algo que no ha ido bien en el matrimonio. Las estadísticas de divorcios, que son escalofriantes, son hechos bien conocidos de los que casi todo el mundo ha oído hablar. Las parejas casadas que se las arreglan para permanecer casadas toda la vida pueden encontrarse con que sus hijos les hagan cara y les digan: «Como compañeros en el matrimonio y en la paternidad, vuestra vida es una mentira. Os traicionáis a vosotros mismos y a nosotros. Nuestra familia se está convirtiendo en un trágico fracaso.» [1]

Según un estudio realizado entre 601 parejas a las que se les preguntó: «¿Ama usted a su pareja?», sólo el 11 por 100 pudo responder sin titubeos: «Sí.» [2]

¿Cuáles son las raíces de esta lamentable situación desde el punto de vista del hombre?

En algunos casos el comienzo del fin del matrimonio y de la integridad emocional de un hombre joven en la relación se produce el día de la boda, cuando siente un hormigueo en el estómago, una sensación general de ansiedad y pánico, y el impulso de escapar. Dado que vivimos en una cultura en la que los hombres aprenden a sobreponerse a las reacciones de temor, se le dirá al hombre, a punto de casarse, que sus reacciones de temor son normales y previsibles. La familia y los amigos pueden ofrecerle interpretaciones que le induzcan sutilmente a sentirse culpable de sus sentimientos, como, por ejemplo: «Tienes miedo a la intimidad y el compromiso», «Tienes miedo de asumir responsabilidades», «Tienes miedo de renunciar a tu libertad», «Estás reaccionando de una manera inmadura». Luego puede recibir el consuelo de que le aseguren que superará estos temores e incluso madurará en el proceso.

Estas palabras que le inducen a sentirse culpable, «tienes miedo de», que se utilizan con frecuencia para explicar las reacciones negativas o de resistencia del hombre, son una bandera roja, un grito de batalla que nunca deja de tocar una cuerda sensible en él. Le incitan a superarse, a demostrar su valía, a aceptar el desafío y a negar de este modo las exigencias implícitas en sus sentimientos. A partir de ese momento, al esforzarse por dominar o sublimar sus reacciones viscerales de pánico y resistencia, en lugar de aprender del mensaje que contienen, está sentando las bases del desmoronamiento de su matrimonio. Estos sentimientos de resistencia sufren una regresión temporal y pueden volver a manifestarse violentamente en algún momento posterior, cuando el matrimonio esté a punto de deteriorarse o bien en pleno proceso de disolución. Sólo entonces recordará sus primeros sentimientos y reconocerá las razones de su oposición original. Pero hasta ese momento empleará gran parte de sus energías en negar, superar y racionalizar sus sentimientos.

Del mismo modo que ignoró su voz interior el día de su

boda, puede continuar ignorándola mientras se dedica a intentar que el matrimonio funcione. Cuando se sienta aburrido, intentará superarlo o buscar justificaciones. Cuando no sienta deseo sexual, puede dejarse llevar por el pánico y empezar a dudar de su propia capacidad sexual mientras lucha por superar la ausencia de emociones sexuales. Cuando preferiría no volver a casa después del trabajo, pero cumple con su obligación y lo hace, aunque así va acumulando resentimiento, y cuando llega, se muestra distante y poco comunicativo. Durante el día puede que llame a su mujer desde la oficina, porque cree que ella quiere que lo haga, aunque puede que él no quiera hacerlo. Los fines de semana prepara barbacoas, hace recados y pequeñas reparaciones, y se queda pasivamente sentado ante la televisión en su esfuerzo por ajustarse a la imagen de marido y padre responsable. Cuando él y su mujer salen con otras parejas, desempeñará el papel de amable anfitrión o de encantador invitado, incluso cuando no sienta ni el más mínimo interés. La motivación de sus reacciones se encontrará en tantos casos en su necesidad de superar, negar y racionalizar sus sentimientos negativos que, inevitablemente, el matrimonio llega a sufrir tal sobrecarga de emociones reprimidas que se desmorona; sólo entonces da rienda suelta a su resentimiento reprimido. Pero hasta ese momento tiende a agobiarse con acusaciones que le hacen sentir odio por sí mismo cada vez que no satisface las expectativas y no funciona, o se relaciona como cree que debería hacerlo. Insultos contra sí mismo como: «¡Eres un asqueroso egoísta!» o «Eres incapaz de amar», o variaciones sobre ese tema, se convierten en las ataduras que le mantienen en el matrimonio.

Más que un signo de inmadurez o de irresponsabilidad, la voz interior de oposición del día de su boda puede que fuera una sugerencia constructiva de su yo inconsciente. Esto es especialmente cierto en el caso del hombre joven. Una de las tragedias del hombre en nuestra cultura es que el hecho de que un hombre de veintipocos años se case está bien visto y en ocasiones incluso se le anima a ello, mucho antes de que haya tenido tiempo de desarrollarse y madurar emocionalmente, de dar por terminada la adolescencia, de encontrarse a sí mismo vocacional y filosóficamente y de alcanzar una posición económica lo bastante segura. Un matrimonio temprano puede agobiarle con cargas emocionales y económicas opresivas que lo inmovilizan y lo atrapan en un estilo de vida dedicado a la pura necesidad de sobrevivir, abortando su desarrollo personal y emocional.

Desde el punto de vista del condicionamiento psicológico temprano del hombre, parece evidente que no hay una buena base para alcanzar una satisfacción profunda en el matrimonio. De hecho, se podría demostrar que este condicionamiento casi imposibilita encontrar una verdadera satisfacción en el matrimonio. De niño se le enseña a ser ambicioso, a producir, a aceptar los desafíos, a conquistar y explorar. Esto es distinto en la niña, que puede aprender a disfrutar jugando a las casitas, siendo la madre de sus muñecas y entreteniéndose con los juegos caseros; tradicionalmente el hombre no recibe ninguna recompensa por dedicarse a estas actividades. Ya sean buenas o malas, estas diferencias en el condicionamiento temprano, en cualquier caso representan una realidad psicológica para el hombre casado.

Precisamente a causa de estas diferencias genéricas en el condicionamiento, es el hombre el que se encuentra con tanta frecuencia con que no es capaz de tener éxito en sus intentos por desempeñar la función de un consorte maduro en el matrimonio. Con frecuencia, tiene que luchar para adaptarse a un medio y cumplir expectativas que se contradicen con las primeras enseñanzas que recibió o que no se ajustan a su ritmo. Está forzándose por encajar en un molde extraño. Por consiguiente, es inevitable que se sienta como un aguafiestas y un intransigente, como el miembro egoísta de la pareja. Ante los demás es casi siempre él quien hace el papel del malo. La queja, tantas veces oída a las mujeres, de que son ellas las que están siendo explotadas en el matrimonio no es totalmente cierta. No cabe duda de que el matrimonio ha limitado las posibilidades de la mujer, pero es la psique del hombre la que es especialmente vulnerable. Como el hombre no está emocionalmente preparado para el matrimonio, tenderá a negar, a sofocar su propia identidad y a adoptar actitudes que le alienan del mundo al realizar un esfuerzo supremo por mantenerse en equilibrio en esa relación.

Peter, de veintidós años, acudió al consejero matrimonial con su mujer, Mónica, porque era la única alternativa para evitar ser fichado bajo la acusación de asalto. La policía, avisada por los asustados vecinos, interrumpió la terrible paliza que le estaba dando a Mónica, su mujer desde hacía un año.

Peter era alto, musculoso y de hermosos rasgos; era una belleza clásica de tez muy bronceada, largo pelo rubio y movimientos graciosos y elegantes.

Antes de casarse, Peter estaba seguro de que había encontrado a la pareja ideal, a la mujer que necesita un hombre de verdad. Mónica compartía su afición por las actividades al aire libre. Participaba con entusiasmo en sus excursiones en moto todoterreno por el desierto. Se agarraba alegremente a él en la trasera de su moto mientras corrían por las autopistas, y empezó a aprender surf, porque quería compartir con Peter el entusiasmo que sentía por este deporte. Peter se consideraba afortunado por haber encontrado a una mujer que era el epítome de su imagen de la feminidad, pero que también se sentía a gusto y contenta en su mundo masculino.

Poco después de casarse Mónica se quedó embarazada y su actitud empezó a cambiar. El surf, según ella, era propio de adolescentes, así que Peter empezó a practicarlo con menos frecuencia. Luego le dijo que le preocupaba que fuera en moto. Era peligroso, y para demostrárselo recortaba noticias del periódico sobre accidentes de motos y muertes, y se las dejaba sobre la almohada. Aunque Peter no había tenido nunca un accidente de moto, renunció a esta actividad porque le parecía que le debía a Mónica su buena salud. Pero en su fuero interno se sentía cada vez más resentido y empezaba a sentirse traicionado por el cambio radical en la actitud de su mujer.

Un lunes por la mañana Mónica le dijo que había quedado esa noche con dos de sus antiguas amigas del colegio. Peter, que no esperaba que estuviera en casa, cuando salió del trabajo se fue directamente, y sin decirle nada, al taller de reparación de chapa de su amigo con intención de arreglar su coche. Había quitado el guardabarros y se disponía a lijarlo cuando le llamaron al teléfono. Su mujer estaba enfadada: «¿Dónde estás? ¿Dónde estás?», le gritó. Como dijo Peter: «Inmediatamente me sentí culpable, aunque recordaba claramente que me había dicho que iba a salir. Sabía que no había hecho nada malo, pero de todos modos estaba reaccionando como un niño que se ha portado mal. No dejaba de preguntarme si me habría equivocado y no la habría entendido bien esa mañana.

«Cuando le pregunté qué es lo que pasaba, dijo: "No pasa nada, sólo que estoy en casa y tú estás por ahí jugando con tu coche. Al parecer, tu coche es más importante que yo."»

Peter intentó explicarse, pero Mónica parecía demasiado enfadada como para escucharle. Le dijo que le pediría prestado el coche a su amigo e iría a casa en seguida, a lo que ella replicó: «No te molestes», y le colgó.

Peter se sentía trastornado y se quejaba para sí: «¡No es justo!» Sin embargo, se apresuró a volver a casa. Por el camino, le detuvieron por exceso de velocidad y estuvo a punto de pegarse con el policía, que parecía escribir la multa con deliberada lentitud.

Cuando llegó a casa, Mónica se había ido y él se puso frenético. Se imaginó lo peor, que había salido corriendo y se había hecho daño. Se sintió abrumado por la culpa, llamó a sus amigas y patrulló por las calles en su coche intentando encontrarla.

Mónica no llegó a casa hasta las dos y media de la mañana, cuando estaba a punto de llamar a la policía. Había estado con sus amigas en un club cercano y se había emborrachado un poco.

Esta vez Peter se puso furioso y empezó a gritar: «¿Dónde has estado?» Ahora Mónica reaccionó con suavidad. Se mostró cariñosa y provocativa cuando vio lo preocupado que estaba por ella. Así que empezó a acercarse a él, diciendo: «No pensé que te preocuparías tanto. Te dije que iba a salir con mis amigas.»

Empezó a desvestirlo y arrastrarlo hacia la cama, pero Peter seguía tan agitado y furioso, que cuando Mónica estaba acariciándolo y estimulándolo, se apartó bruscamente de ella. Eso la puso furiosa y estalló, diciendo: «¿Por qué no sales fuera y haces el amor con tu coche?» Peter se puso furioso; para desquitarse empezó a pegarla hasta que el ruido y los gritos alcanzaron tal volumen que los vecinos, preocupados, llamaron a la policía.

La interacción entre Peter y Mónica es una versión resumida de lo que le ocurre con tanta frecuencia al hombre, antaño autónomo e «impulsivo», cuando empieza a ajustar su ritmo a las necesidades de su mujer. Renuncia gradualmente a más y más cosas placenteras e importantes para él. Reacciona como un niño pequeño cuando piensa que ha sido atrapado haciendo algo malo. Convierte a su mujer en una figura con autoridad para otorgar permisos y niega su propia identidad porque considera que sus hábitos e intereses son indignos o egoístas.

Mientras que en el caso de Peter esta acumulación de rencor y rabia ocultos y subterráneos salió a la superficie violentamente en una repentina explosión, muchos otros hombres se limitan a expresar estos sentimientos de manera inconsciente bajo la forma de un alejamiento pasivo e indiferente. De hecho, este modelo de comportamiento es precisamente el que más quejas suscita entre las esposas que acuden al psicoterapeuta. Dicen que se sienten absolutamente privadas de sustento emocional por la pasividad y la reserva de sus maridos. Esta actitud de los maridos es básicamente una manera segura y socialmente aceptable de decir: «No quiero comprometerme», sin tener que actuar públicamente de acuerdo con este sentimiento abandonando a sus mujeres.

En el caso de Peter tuvo que recuperar sus antiguas aficiones y darse prioridad a sí mismo antes de ser capaz de volver a relacionarse con Mónica de una manera constructiva y cariñosa. Ella empezó a darse cuenta de que había estado aguijoneándole porque, aunque apreciaba su devoción, inconscientemente se sentía muy amenazada por el poder que comenzaba a tener para conseguir que actuara como ella quería. En cierto sentido estaba provocándole para poner a prueba sus límites y su capacidad de seguir siendo él mismo. Se sintió bastante aliviada al ver que adoptaba una actitud firme, aunque ésta fuera violenta.

Lo cierto es que algo terrible les sucede a muchos hombres después de su matrimonio. Una mujer casada, sensible y responsable a la que entrevisté, describió así a los hombres casados de su vecindario: «Son todos tan pasivos. Tienen que odiar a sus mujeres, porque esos tipos casi no son ni personas. Para ellos un típico día de fin de semana parece consistir en recortar setos, cortar el césped y hacer arreglitos en sus coches.»

Además, muchos hombres casados parecen que se vuelven cada vez más infantiles, dependientes e indefensos en la interacción con sus mujeres. Las mujeres, cuando hablan conmigo en privado de sus maridos, frecuentemente hacían comentarios como: «Se porta como un bebé», «Ha llegado a depender tanto de mí, que me asusta. No hace nada por sí mismo», «Se porta como si estuviera totalmente desamparado» y «Siempre está andando por la casa sin hacer nada y estorbando. Me gustaría que tuviera algunos amigos».

Muchos de estos hombres piden permiso a sus mujeres siempre que quieren hacer cosas por su cuenta. Cuando hablan de los aspectos positivos de su relación matrimonial, con frecuencia dicen algo así: «Me deja actuar por mi cuenta y no está siempre detrás de mí, como muchas otras mujeres que conozco.» Esencialmente, el hombre asigna a la mujer el papel de dispensadora de permisos o figura maternal.

El hombre casado empieza a desconfiar cada vez más de su propio juicio y de su gusto. Empieza a creer que es un patán sin gusto, que sólo sirve para los negocios o el mundo profesional y que su gusto no está a la altura del de ella. Como su madre, ella sabe qué es lo mejor. Como me decía una persona que trabaja en el negocio inmobiliario: «Nunca le vendo al marido; siempre a la mujer. Que a él le guste la casa no significa nada. Pero si le gusta a ella, ya he hecho una venta.»

Al encontrarse atrapado en una relación que quizá no sea intrínsecamente satisfactoria, aunque no siempre es consciente de su ira, su resentimiento y su deseo de autonomía, sus sentimientos negativos emergen continuamente de manera indirecta en forma de agresión pasiva. El está «en» la relación, pero no forma parte «de» ella. La expresión pasiva de su frustración y descontento adopta muchas formas:

1. Cambios de humor extremados y ocasionales estallidos de furia provocados por pequeñas cosas, como un calcetín que no está en su sitio, que la ropa no

esté limpia a tiempo, un botón que no ha sido cosido, un jueguete tirado por el suelo o el retraso de una comida.

2. Coger el correo y una copa para esconderse tras del periódico o frente al televisor casi inmediatamente después de llegar a casa del trabajo.
3. Expresar cada vez con mayor frecuencia el deseo de que se le «deje en paz» cuando está en casa.
4. Quejarse cada vez con mayor frecuencia de fatiga y de otras molestias diversas, como dolores de espalda, de estómago y de cabeza.
5. Incapacidad de mantener la atención en lo que le está diciendo su mujer, lo que le obliga a pedirle con frecuencia que repita lo que ha dicho, señal de que su mente está en otra parte y de que no se está concentrando.
6. Hay que recordarle constantemente las mismas cosas, que parece olvidar continuamente, como colgar su ropa, sacar la basura, etc.
7. Una resistencia general a hablar de cómo ha pasado el día cuando llega a casa por la noche.
8. El rechazo a la intimidad física, que se manifiesta indirectamente, ya sea acostándose cuando ella ya se ha dormido o quedándose dormido antes de que ella se acueste. Otras manifestaciones incluyen traer trabajo a casa de la oficina y hacerlo por la noche, y quedarse levantado hasta tarde leyendo o viendo la televisión.
9. El evitar mirar a los ojos a su mujer.
10. Una tendencia creciente a limitar la vida social con su mujer a actividades como salir a cenar o ir al cine, que no exigen una interacción activa entre ellos.
11. Sentimientos generalizados de aburrimiento. El aburrimiento oculta, con frecuencia, un impulso o deseo de hacer otras cosas o de estar en otro lugar distinto. Al ser incapaz de reconocer sus necesidades reales, en lugar de hacer algo, se queda sentado y aburrido en casa.

El hombre pasivo-agresivo está protestando de maneras ocultas e indirectas. Incapaz de declarar abiertamente sus deseos o de confesar su malestar, su resentimiento oculto sale a la superficie de mil maneras subterráneas. El mensaje que está transmitiendo a su mujer indirectamente es: «Tengo miedo de hacer lo que realmente quiero hacer o de expresar mis verdaderos sentimientos, así que evitaré el sentirme culpable quedándome en casa. Pero tú tampoco vas a obtener ninguna satisfacción con mi presencia.»

El síndrome de la acción-reacción es frecuentemente en nuestra cultura una dinámica de interacción hombre-mujer crítica y destructiva, que es la que hace posible que actualmente la mujer tache al hombre de «opresor», «explotador» y «chovinista». Como le dijo una mujer a su marido: «Nunca me has permitido que crea en mí misma como persona de primera categoría y activa. Los hombres están interesados en evitar esto.»

Como tradicionalmente ha asumido el papel activo, también asumió automáticamente el papel de victimario o «matón». Como combatía en las guerras, él es el destructor, mientras que ella es la pacífica. Como ha echado sobre sus espaldas la carga principal de la supervivencia económica, es también el destructor del medio ambiente, el codicioso y competitivo.

En la relación marital, al igual que en muchas otras relaciones íntimas entre hombres y mujeres, el hombre invariablemente se ve a sí mismo como el «malo» y también puede ser visto del mismo modo por la mujer, porque tradicionalmente él ha sido el *actor,* mientras que la mujer representaba el papel de *reactora.* Por ejemplo, tradicionalmente ha sido él quien ha proporcionado el sustento. Por consiguiente, trabajaba demasiado o durante demasiado tiempo, ella se sentía abandonada y él culpable; si era un mal proveedor, se sentía inadecuado, mientras que ella podía o bien adoptar el papel de mujer resignada o reprenderle; si los niños tenían problemas, ella podía echarle la culpa por su falta de participación activa y su descuido; si la relación sexual era mediocre, era porque él era demasiado exigente, demasiado rápido o demasiado insensible. Como siempre, era él quien admitía y experimentaba más abiertamente sus deseos sexuales, era también el más propenso a «engañar». Su mujer, si lo descubría, se sentía ultrajada y dolida.

Es bastante frecuente, aún en esta época de sexualidad más libre, que los hombres casados expresen este sentimiento: «Si mi mujer se enterara alguna vez de que estoy haciendo el tonto por ahí, me dejaría al instante.» Tampoco es raro que la mujer que nunca ha tenido un amante reaccione ante la «infidelidad» de su marido abandonándolo y acostándose con muchos hombres diferentes durante el primer año, a menudo, como una justificada venganza.

> Ese fue el caso de Ron y Annie, que llevaban catorce años casados y acudieron al consejero matrimonial porque estaban a punto de separarse. Según Annie, el golpe decisivo que precipitó la ruptura de su matrimonio fue que un año antes había descubierto que Ron tenía un amorío con su secretaria. Ella se desquitó buscándose a su vez un amante, y ahora afirmaba entre lágrimas que ella no quería hacerlo y que no disfrutó con ello (aunque duró dos meses) y que lo hizo únicamente para castigar a Ron y proteger su propio ego.
>
> Ron era el «canalla». Con su amorío había traicionado la confianza en la relación y era el responsable de haberla obligado a hacer algo que, según ella, la había degradado. Según ella, no era más que la reacción autoprotectora de la víctima.

Una reciente investigación sobre el suicidio resulta especialmente instructiva para la definición de la oculta cualidad letal de este síndrome de acción-represión. El estudio señalaba que en el matrimonio el cónyuge suicida tiende a verse a sí mismo/a como alguien humilde, mientras que el cónyuge, que no se suicida, se ve a sí mismo/a como una persona competitiva y narcisista. Como señalaban los investigadores: «...las tendencias del cónyuge no suicida a perseguir únicamente su propia satisfacción son alentadas por la necesidad del suicida de que sus deseos sean ignorados. A pesar de las necesidades interrelacionadas que comparten los dos miembros de la pareja, el suicida a menudo echa la culpa de su actuación suicida al rechazo de su consorte»[3].

Es importante acabar con estos destructivos síndromes e interacciones de acción-reacción y víctima-verdugo, que resultan en que el hombre lleva en su interior un pozo sin fondo de culpabilidad latente que se desborda con facilidad. Es responsabilidad de cada hombre el aceptar la liberación total de la mujer y hacer todo lo que esté en su mano para facilitar su conversión en una persona independiente y capaz de expresar abiertamente sus deseos en la interacción hombre-mujer. La posición tradicional de la mujer como el miembro explotado de la pareja es extremadamente peligrosa para la salud emocional y el crecimiento del hombre y también de la mujer. El modelo de una interacción sana hombre-mujer en los matrimonios del futuro será aquel en el que cada cónyuge exprese directamente sus propios deseos y asuma la plena responsabilidad personal de lo que le ocurre. En otras palabras, *no es que él le haga algo a ella, sino más bien que ella se lo permite, porque de algún modo se ajusta a sus necesidades,* y viceversa. Depende de la mujer el reconocer cómo su negativa a afirmar sus necesidades de manera directa y abierta perpetúa el síndrome de víctima-victimario.

Hay muchas afirmaciones sobre su persona que despiertan fácilmente en el hombre su falta de confianza en sí mismo, el odio hacia sí mismo y la culpabilidad en el matrimonio:

- «Tienes miedo de la intimidad y la proximidad a otra persona.»
- «¿Por qué tienes que trabajar tanto?»
- «¿Es que tienes que estar siempre pegado a la televisión viendo partidos?»
- «¿Por qué no hablas más? Nunca compartes nada, mientras que yo siempre estoy hablándote de mí.»
- «¿Por qué eres tan frío y distante?»
- «Mientras tú estás por ahí divirtiéndote, yo soy la esclava de la casa.»

Estas acusaciones tienen un efecto particularmente pernicioso si el hombre cree que su respuesta es su «problema». Su conducta en estos casos no se ha producido en el vacío. Tradicionalmente las mujeres se han casado con hombres a los que pudieran «respetar»: ambiciosos, autosuficientes, con dominio de sí mismos y orientados hacia el éxito. Pero poco después de casarse se quejan de que estos mismos hombres no dan lo bastante de sí mismos emocionalmente. En realidad, se sienten enojadas por las mismas características por las que se casaron con ellos.

El siguiente enfrentamiento entre una mujer y su médico-marido de edad madura ilustra este fenómeno. En gran parte, su atracción hacia él se debía a su calidad de símbolo del éxito y se casó con él en parte porque era médico. Pero aproximadamente un año después de su matrimonio se enfrentó a él con estas palabras: «No das lo bastante, y no me refiero a tu maldito dinero y tu posición, tu profesión, el doctor don importante. Estoy harta de oír hablar de tu maldito despacho, de los impuestos, de los problemas con tus empleados y pacientes, y de partidos de fútbol. No me das nada de ti mismo, de tu *verdadero yo*.»

Su marido-médico reaccionó ante esto sobre todo con culpabilidad. Aunque no comprendía a qué se refería ella al hablar de dar su «verdadero yo», porque creía que eso es lo que había estado haciendo desde el principio, reconoció que quizá no expresaba sus emociones lo suficiente.

A primera vista, las protestas de su mujer parecían razonables. Sin embargo, al examinarlas con más detenimiento, carecían de sentido y eran destructivas, como si él se hubiera encarado con ella diciéndole: «¿Por qué no ganas más dinero? No haces ningún esfuerzo por adquirir mayor posición o poder. Lo único que tienes son tus malditos sentimientos y estoy harto de oírte hablar de tus emociones. Lo único que haces es compartir tu propio yo. Nunca me hablas de tus logros, tus ambiciones y tus éxitos. No quiero oír hablar de cómo te sientes por esto o aquello. Consigue algo en el mundo exterior.»

La sociedad tiene expectativas contradictorias para el hombre casado, del que espera que lo sea todo para todos: el proveedor competente, el competidor agresivo, el padre prudente, el amante sensible y amable, el valiente protector, el hombre frío y controlado que soporta todas las presiones y la persona capaz de expresar sus emociones en el hogar. Al no ser consciente de las contradicciones inherentes a estas expectativas y no estar en contacto con sus auténticas capacidades y necesidades, ha aceptado la imagen idealizada que se espera de él y queda destruido en el proceso de satisfacer estas exigencias imposibles. Tendrá que plantearse el matrimonio más objetivamente y asegurarse de que lo que consigue de él es tanto como lo que ha renunciado a tener por él. Cuando la mujer está empezando a desprenderse de sus maneras tradicionales de reaccionar y actuar, es responsabilidad del hombre establecer nuevos modos de conducta para sí mismo que atiendan a su desarrollo, comodidad, satisfacción y le ofrezcan la posibilidad de vivir de acuerdo con su propio ritmo.

Más que ninguna otra cosa, tiene que ser capaz de ver más allá de la acusación de machismo, que sólo sirve para poner en marcha sus mecanismos de culpabilización y para paralizarlo, y en lugar de eso tendrá que crear un modelo de matrimonio que sea verdaderamente compatible con su personalidad individual.

La nueva definición de matrimonio para el hombre sólo surgirá una vez que haya reconocido y transformado su modelo de matrimonio, a menudo pasivo-agresivo, en otro en el que haya lugar para los sentimientos de autoafirmación más abiertos. Sólo entonces podrá desarrollar un modo de relación nuevo, enriquecedor, directo y honrado.

LA PATERNIDAD

«Mamá, si el médico trae al bebé en su maletín, Papá Noel nos trae los juguetes; si Dios me castiga cuando soy malo, y el dinero crece en los árboles, ¿para qué queremos a papá?.» [4]

Los estudios médicos y psicológicos indican que los hombres jóvenes se quejan con frecuencia de dolores de cabeza, náuseas, indigestión, dolores de espalda y comienzo de úlceras durante el primer embarazo de sus mujeres. Además de esto, el número de arrestos por delitos sexuales como, por ejemplo, asaltos a niños, masturbación en público, intento de violación y realizar llamadas telefónicas obscenas, parece ser significativamente más alto en los futuros padres [5].

La explicación que normalmente se ha dado a este fenómeno es que el futuro padre adopta una conducta regresiva bajo los efectos del estrés. Pero creo que estos síntomas también pueden representar una protesta inconsciente, un deseo de escapar de las responsabilidades de la paternidad: sentimientos que el hombre no se ha permitido experimentar conscientemente y de los que no se ha responsabilizado antes del embarazo de su mujer.

Al igual que los hombres a punto de casarse se esfuerzan por superar su resistencia al matrimonio, muchos hombres jóvenes son también incapaces de reconocer conscientemente su resistencia a la paternidad. Fecundan a sus mujeres y luego desarrollan preocupantes síntomas psicológicos o psicosomáticos.

Los hombres que sufren perturbaciones emocionales durante el embarazo de sus mujeres, pueden ser informados por los profesionales de salud mental de que albergan un temor inconsciente a ser sustituidos por el niño como principal objeto del amor de su mujer. La mujer recibe consejos bienintencionados, como: «Si da muestras de su fe en su marido como hombre, como ser humano y también como futuro padre, la mujer embarazada puede aplacar los temores que él pueda albergar en cuanto a que el niño le sustituya en su corazón.» [6]

En realidad, el futuro padre está siendo descrito como un niño más que compite con su propio hijo por el amor de «mamá». Si esta conjetura resulta ser cierta, no es más que otra prueba de la inmadurez de demasiados hombres que tienen hijos.

Existe una noción cultural ampliamente extendida según la cual es mejor para un hombre tener hijos cuando todavía es joven, lleno de energías y no demasiado maniatico. Lo cierto es que muchas parejas jóvenes consideran la paternidad como una manera de saldar cuentas o quitarse una responsabilidad de encima. Lo racionalizan así: «Si los tenemos ahora, cuando tengamos cuarenta años ya habrán crecido y todavía seremos lo bastante jóvenes para divertirnos y hacer las cosas que *realmente* queremos hacer.» Es evidente que el proceso de educar a los hijos se considera una obligación, como el servicio militar o el pago de impuestos, que hay que quitarse de encima de manera que quede tiempo y dinero para otras cosas más agradables.

Ser padre antes de estar preparado para ello es una de las maneras más autodestructivas que tiene el hombre medio de acabar con su propio crecimiento y desarrollo. Por un momento de sentimentalismo ante la idea de ser padres, algunos jóvenes se atan con vínculos económicos y exigencias emocionales que agotan sus energías y sus recursos psicológicos y materiales. Inconscientemente puede que hayan decidido ser padres por una o más de las siguientes razones:

1. *Como afirmación pública de su potencia y su virilidad.* Ser el padre de un niño es un modo de ofrecer al mundo una prueba concreta de que es capaz de tener una erección y de fecundar a una mujer.

2. *La ilusión de «complacer a mamá».* Para el hombre muy unido a su madre, ser el padre de un niño puede ser un modo de complacer a su propia madre. Es una prueba de su madurez y de que está dispuesto a asumir responsabilidades, y él tiene la fantasía de que su madre se sentirá feliz de ser abuela.

3. *Razones profesionales y de imagen.* Para el hombre dedicado a su carrera y con ambiciones de escalar puestos, tener un niño dotará de «madurez», «responsabilidad» y «estabilidad» a su imagen. Cree que su jefe lo mirará de manera más favorable y que puede tener más posibilidades de ascenso ahora que ha ofrecido la prueba inequívoca de que es un hombre casado y establecido y no un mujeriego.

4. *Para demostrarle a su mujer que la quiere y que se hace responsable de su relación con ella.* Quizá sea éste el motivo más común. Tiene un hijo porque quiere hacer feliz a su esposa y ayudarla a realizarse como mujer, o eso cree. En muchos de estos casos el hombre descubre demasiado tarde, generalmente cuando se rompe el matrimonio, que su mujer se siente resentida por las responsabilidades de la maternidad y que considera a sus hijos una carga más que un placer. Cada vez con mayor frecuencia la mujer contemporánea llega incluso a mostrarse dispuesta a renunciar a sus hijos después del divorcio.

5. *La seguridad.* Tiene la impresión de que un niño fortalecerá la relación. Sobre todo si se siente inseguro en el matrimonio, puede tener un hijo porque cree que entonces será menos probable que su mujer le abandone.

6. *La fantasía de la inmortalidad.* El deseo de tener un hijo está a menudo vinculado al deseo de tener a alguien que perpetúe el apellido. Además, es un modo de dejar tras de sí una prueba concreta de su existencia. Inconscientemente, tener un hijo es el mejor modo de asegurarse la inmortalidad.

7. *Algo para cuando sea viejo.* Este motivo se fundamenta en la creencia de que tener un hijo le evitará la soledad cuando sea un anciano. Puede que tenga incluso la fantasía de que sus hijos puedan ocuparse de él algún día, cuando él no sea capaz de hacerlo.

8. *Los niños como blancos de agresión indirectos.* Puede que inconscientemente tenga niños para utilizarlos como blancos indirectos de su agresividad, para quitarle hierro a la relación. En estos casos los niños se convierten en vías de escape de la furia y la frustración existentes entre marido y mujer. Los niños también pueden ser utilizados como chivos expiatorios de la infelicidad existente en la relación y pueden distraer del aburrimiento producido por el estancamiento de la interacción marital.

9. *Alivio del odio hacia sí mismo.* El hombre que tiene tendencia a tacharse de egoísta, inmaduro y narcisista si se permite disfrutar de sus propios impulsos de disfrute y libertad, cuando se hace padre tiene la tranquilidad de saber que no es todo eso y que es capaz de preocuparse por alguien que no sea él mismo.

Con todas estas razones no quiero dar a entender que ser padre esté siempre basado en motivaciones fantasiosas y autodestructivas. Sin embargo, muchos hombres que tienen hijos, sean jóvenes o no, lo hacen por las razones equivocadas. Creo que en esta época, en la que los niños no aumentan necesariamente el potencial de supervivencia de la familia, sólo hay una razón «correcta» para que un hombre tenga hijos, y es que el *proceso* de ser padre le emocione y lo considere enriquecedor, gratificante y lleno de alegría, y que las circunstancias de su vida le permitan participar plenamente. Sin embargo, pocos hombres han alcanzado ese nivel de madurez antes de tomar a su cargo esta responsabilidad crítica y difícil. La paternidad debería dejarse para el final, para el momento en que el hombre ha llevado a cabo todas sus fantasías, ha tenido relaciones con muchas mujeres, ha explorado y se ha hecho el regalo de averiguar quién es él realmente. El momento en que pueda pensar en tener niños con el mismo entusiasmo con el que podría, por ejemplo, pensar en acostarse con una mujer atractiva, es el momento de ser padre. *En mi opinión, sólo una motivación tan poderosa justifica el hacerse cargo de la grave responsabilidad de ser padre y se traducirá en una orientación auténticamente positiva.*

Un reciente estudio de un sociólogo de la Universidad de California, en el que se comparaba a los hombres que tenían hijos muy jóvenes con los que eran padres por primera vez a una edad más avanzada, reveló que eran los padres jóvenes los que sufrían «tensión e incomodidad producidas por su papel» ante la paternidad. Los padres de más edad se mostraban «notablemente más dueños de sí mismos y tranquilos... Para estos hombres la paternidad era una especie de cargo de administrador benevolente, con la función de fomentar el desarrollo autónomo de sus hijos, y no de amoldarles de acuerdo con sus creencias». Los padres jóvenes estaban más preocupados con «las exigencias contrapuestas de la familia y la carrera, las presiones económicas y toda una serie de cosas...»[7].

Una paternidad no es una cuestión de educación ni de aprendizaje de técnicas. Se trata más bien de ser plenamente consciente de las reacciones emocionales más profundas, de que éstas se produzcan con fluidez y de seguridad en el propio juicio. No existe el impulso de pasar a segundo plano y de delegar en la mayor sabiduría del «instinto materno». Este tipo de hombre ya habrá aprendido a confiar en sí mismo y a respetarse, y habrá superado el estereotipo cultural del padre joven que no es más que un torpe patán que lo mejor que puede hacer es mantenerse al margen. En general, ha llegado el momento de que el hombre realice una reevaluación de su actitud ante el matrimonio y la paternidad. La mujer le ha preparado el terreno y le ha facilitado el proceso al permitirse a sí misma manifestarse sinceramente como personaje; negándose a seguir limitando su papel al de simple mujer y madre devota. Incluso ha tenido el valor de renegar de la sagrada noción del «instinto materno». Ya es hora de que el hombre se muestre igual de sincero.

EL DERECHO DEL HOMBRE A DETERMINAR SU FUTURO COMO PADRE

Ahora que las mujeres han dejado de ser las víctimas de las leyes opresivas que les negaban el derecho a abortar, la responsabilidad paterna sin el consentimiento del padre es una reliquia sexista.

En este momento la mujer conserva el derecho legal esencial de decidir sobre todas las cuestiones relativas al nacimiento de los niños. Si se queda embarazada de manera accidental o inesperada, y quiere tener el niño, él no puede decir que «no» y pedir un aborto. A pesar de esta falta de poder de decisión, sigue conservando la responsabilidad paternal desde los puntos de vista económico y legal. Por otra parte, si el padre quiere el bebé y la mujer quiere abortar, una vez más no puede imponerle su voluntad, aunque esté de acuerdo en asumir toda la responsabilidad por el niño.

Propongo que cualquier pareja que tenga la intención de tener un niño firme un contrato en el que formalicen este deseo. De no existir tal contrato, el hombre debe tener la prerrogativa de solicitar un aborto, a menos que se le libere de toda responsabilidad económica o legal si la mujer insiste en que quiere tener el niño, a pesar de su petición de que interrumpa el embarazo. Si no es así, cada vez que se produzca un fallo de las medidas anticonceptivas, el hombre se convierte en una víctima potencial, al ser legalmente responsable sin haber decidido tener un hijo.

Mi opinión al respecto es la de que se trata de una forma de discriminación hacia el hombre, al considerarlo responsable de un hijo no deseado, mientras que a la mujer se le permite decidir si desea o no tener el bebé.

GUIA PARA EL MATRIMONIO Y LA PATERNIDAD

1. Antes del matrimonio haga un ejercicio de introspección y reconozca sinceramente y estudie cualquier resistencia interna, comúnmente conocida como el pánico del día anterior. No se limite a luchar por desterrar estas dudas, intente más bien aprender de ellas. Protegen su crecimiento y pueden ayudarle a evitar cometer un error complicado y autodestructivo.

2. Una vez casado, confíe y manténgase abierto a sus reacciones profundas ante su situación vital. No rechace, oculte o intente superar los sentimientos de aburrimiento, el deseo de una mayor autonomía o el rechazo sexual a su pareja. Son las manifestaciones de su verdad interior, y su represión contaminaría totalmente la relación con su agresividad oculta y sentaría las bases para la enajenación marital más completa.

3. Niéguese a aceptar etiquetas tales como «egoísta», «inadecuado» o «inmaduro». No son más que inductoras de culpa que le distraerán del descubrimiento de sus verdaderos sentimientos. Al mismo tiempo, no adopte papeles o posturas que le resulten demasiado onerosas para demostrar que no es ninguna de estas cosas.

4. Evite atribuir a su mujer la función de dispensadora de permisos. Ella no es su madre y usted no es su hijito. Usted es libre de hacer lo que es importante para su realización como persona.

5. Aprenda a reconocer, respetar y atenerse a su propio gusto y sensibilidad para la ropa, los muebles, la vivienda, los amigos, etc. Es necesario conservarlos para que usted pueda mantener su propia identidad.

6. Tenga niños esperando y anticipando las alegrías del *proceso* de ser padre. No los tenga si está demasiado atareado para participar en su educación o espera pasar a un segundo plano ante la sabiduría del «instinto materno».

7. Como regla general, póngase en primer lugar, excepto en aquellas ocasiones en las que quiere sinceramente atender a las necesidades de su mujer. Asuma los riesgos de reconocer su verdadera personalidad, completa y alegremente. Recuerde que usted no es el «malo» cada vez que no se siente a gusto llevando el manto tradicional de hombre casado.

XI. EL DIVORCIO: LAS PENAS POR ABANDONO

Quizá lo mejor de un divorcio sea que el hombre por primera vez se ve obligado a mirar a su mujer como una persona completa más que como una proyección de sus fantasías. El despertar es más brusco para el hombre más rígido e identificado con su papel, que se imaginaba a sí mismo como un superprotector y proveedor del sustento, y a su mujer como un ser abnegado, indefenso y espiritual.

Cuando se produce un divorcio no es raro ver a la mujer aparentemente más dócil convertirse en un adversario astuto y agresivo. Puede actuar así directamente por cuenta propia o conseguir el mismo resultado contratando a un abogado batallador para que dé la cara por ella. En este último caso puede renunciar a la responsabilidad personal de cualquiera de las exigencias del abogado.

Lo normal durante el proceso de divorcio es que se dé rienda suelta a la furia, largo tiempo reprimida por las dos partes. La lección más dura de aprender es que la aparente transformación de los sentimientos de amor en odio o de atracción en repulsión que se produce durante este período no es simplemente un resultado de la acritud del proceso de divorcio y tampoco se trata de un cambio repentino. Lo que más bien ocurre es que el mismo proceso de divorcio desencadena el afloramiento a la superficie de los sentimientos latentes y subyacentes que se han mantenido reprimidos como resultado inevitable del planteamiento romántico e ilusorio del noviazgo y el matrimonio en nuestra cultura. Este planteamiento exige que el marido y la mujer se vean el uno al otro de modo positivo sobre todo y que eviten la confrontación provocada por sentimientos negativos, conflictos y preocupaciones que resulten amenazadoras. Por consiguiente, cuando, por fin, se expresan, salen a la superficie en un torrente de hostilidad incontrolable y gravemente alienante.

El doctor George R Bach, junto al que dirijo con frecuencia seminarios de emparejamiento destinados a facilitar una comunicación más auténtica entre las personas solteras, comentó con humor durante una conferencia, que el lugar más silencioso de América es el comedor del típico *bungalow* para la luna de miel junto a las cataratas del Niágara. Los recién casados andan cautelosamente de puntillas uno alrededor del otro, decididos a evitar cualquier conflicto o intercambio negativo.

Esta orientación cultural distorsionada frente a la agresividad es la que se trata en el libro que escribí con el doctor Bach, titulado *Agresión creativa.* Describe los procesos y formas de bloquear la admisión y expresión de los sentimientos negativos entre las personas que viven en intimidad y las inevitables consecuencias destructivas que siguen a esto [1]. El hombre enamorado, por ejemplo, suele tener la impresión de que su mujer es totalmente diferente al resto de las mujeres. Tiende a pensar que carece de agresividad, especialmente hacia él. No es raro que los hermanos, hermanas, padres y amigos de una mujer vean su lado negativo, del que su amante o futuro marido parece totalmente inconsciente y tiende incluso a negar («No la comprenden», «No la conocen como yo»), hasta que el matrimonio está a punto de romperse.

Por lo general, sólo durante el divorcio el marido y/o la mujer pueden reconocer que: «No tengo nada que decirle. Cuando estamos juntos nos quedamos mirándonos, o acabamos lanzándonos acusaciones y recordando viejas rencillas familiares.» Una mujer describió la sensación de ser tocada por su ex marido diciendo que era como si la frotaran con papel de lija. Un hombre recién divorciado comentó que literalmente sentía náuseas ante la idea de hacer el amor con su ex mujer. En parte se trataba de sentimientos largamente reprimidos que afloraban en toda su crudeza ahora, que ya eran admisibles. (Imagínense a un marido o a una mujer comunicándose estos sentimientos el uno al otro cuando *todavía* están casados.) Sólo durante el proceso de divorcio los consortes se permiten ser conscientes de todos los métodos que han utilizado para no hacer frente a la frustración, el aburrimiento y el resentimiento.

Son bastante comunes incluso los sentimientos de separación total, como si uno de los consortes no hubiera existido nunca. Estas reacciones sólo son una indicación de la extremada represión de los sentimientos y la burda negación y bloqueo de las emociones que hacen que las relaciones lleguen a estar tan sobrecargadas de irrealidad que inevitablemente se vienen abajo. Las mismas cosas que antes eran consideradas «buenas» y «hermosas» *durante* el matrimonio se consideran «malas» y «feas» una vez que éste se ha terminado. La atracción física que existía se transforma en el sentimiento de no querer ser tocado ni siquiera. La comprensión más profunda se transforma en una falta absoluta de comunicación, y el amor y la lealtad más intensos se transforman en intensa antipatía.

Las parejas que antes estaban más «compenetradas» son, a menudo, las que sufren las experiencias más atroces cuando se divorcian. La mujer que consideraba a su marido un «buen chico», de la cabeza a los pies, puede sufrir una conmoción tan grave como el marido que veía a su mujer como a una «madre tierna», amante y leal. El «buen chico» se vuelve de repente frío e indiferente y la «madre tierna» expresa súbitamente el deseo de ver muerto a su marido.

La autodestrucción del hombre en el divorcio

Ya sea el hombre el que inicie el proceso de divorcio o el que es abandonado, la autodestrucción del hombre afecta, con frecuencia, a su actitud durante el divorcio.

Cuando es el hombre el que toma la iniciativa de la separación, tiende a adoptar una actitud de autocastigo como compensación y para aliviar su sentimiento de culpa por actuar como un «canalla». Tiene propensión a pagar sus deudas con grandes gestos de impulsiva generosidad. Esto es lo que ocurre con frecuencia cuando hay otra mujer implicada y ha sido él el que ha propuesto la demanda de divorcio. En un momento de romántica omnipotencia y culpabilidad, dirá a su mujer que «puede quedarse con todo lo que quiera». Al sentirse temporalmente liberado y poderoso, piensa: «Puedo volver a empezar de cero. Además, estoy harto de las aspiraciones materialistas de la clase media. Me estoy dando cuenta de que esas cosas, en realidad, no tienen importancia y de todos modos no volveré a hacerlo nunca.»

De este modo también se tranquiliza a sí mismo en cuanto a la rectitud de su modo de proceder. Sus magníficos gestos le permiten sentir que sigue siendo un buen tipo, el protector responsable y preocupado por su familia. Como ya no pueden tenerle a él, pueden quedarse con casi todo lo demás. Puede abandonar su imperio porque se ha encontrado a sí mismo y por tanto nada más importa realmente.

El amorío que lo libera del matrimonio puede resultar efímero. La realidad destroza estas ilusiones románticas con mayor violencia y rapidez que en su matrimonio. Por último, puede que descubra que el amorío no era más que una excusa, una palabra para ayudarle a liberarse.

Cuando ve próximo el fin de su amorío, puede sentirse arrepentido y lleno de dudas y empezar a hacerle propuestas de reconciliación a su mujer. Puede quedarse asombrado al descubrir con cuánta rapidez la mujer a la que creía haber destrozado ha recuperado sus fuerzas. Tras sus primeras reacciones de conmoción y dolor, a menudo, ella se siente profundamente aliviada y libre. Se sorprende a sí misma cuando descubre cuánto disfruta del tiempo que pasa sola y de la nueva vida social que ha emprendido, y quizá la idea de una reconciliación no le interese en absoluto.

En realidad, lo que está ocurriendo es que con su marcha el marido ha hecho el trabajo sucio tanto suyo como de su mujer. Mientras que él ha representado el papel del que rechaza y destruye el matrimonio, lo cierto es que se ha liberado a él mismo y a su mujer de un matrimonio que a cierto nivel resultaba igualmente incómodo para ambos.

Como *actor*, el hombre tomó la iniciativa y, por tanto, asume la culpa. Además de estar obligado por la ley de muchos estados a pagar por su proceder «incorrecto», también paga con la culpa. Por el contrario, su mujer, al haber sido la abandonada, puede marcharse sin culpabilidad y sintiéndose totalmente justificada, con tranquilizadora satisfacción de que no ha sido responsabilidad suya. Lo que es más, si así lo quiere, puede pensar tranquilamente que no tiene por qué tratarle con amabilidad porque él la ha traicionado.

El sentimiento de culpa por abandono es una trampa de la que el hombre liberado *debe* desentenderse. En cualquier relación matrimonial la conducta de una persona es, en gran medida, el resultado de la interacción dentro de la pareja. Ninguna actitud se da con absoluta independencia de esta relación interpersonal. Se trata de una lección que el hombre tiene que aprender. Una vez que ha asimilado este concepto, tendrá menos propensión a adoptar actitudes autodestructivas y contraproducentes para liberarse del sentimiento de culpabilidad.

Es más probable que el hombre que abandona a su mujer tenga a otra esperándole entre bastidores, y no lo contrario. En parte, esto es también un reflejo de lo que, desde mi punto de vista, es una mayor necesidad de dependencia y de su miedo a estar solo. Esta teoría parece ser corroborada por la estadística que demuestra que el hombre divorciado se vuelve a casar antes que la mujer divorciada[2].

Hay otros factores que podrían explicar este fenómeno. El varón que se marcha, con frecuencia se ve también privado de otros apoyos y, por tanto, tiene una necesidad más urgente de sustento emocional. Lo común es que cuando se va pierda su casa, a sus niños y muchos de los amigos comunes de la pareja. Normalmente, el hombre divorciado tampoco tiene amigos varones íntimos a los que recurrir.

La naturaleza de su relación con sus padres y hermanos hace que le resulte difícil y violento pedir ayuda. Su imagen como hombre se vería amenazada y necesita proyectar una imagen de fuerza e independencia ante su familia. Esta actitud masculina que le impide buscar ayuda, manifestar debilidad o vulnerabilidad ó buscar consuelo en otra persona intensifica su aislamiento y la necesidad de que otra mujer sustituya a su esposa, incluso antes de consumar la ruptura con ésta.

Las mujeres parecen capaces de tomar la iniciativa de ruptura de un matrimonio con más facilidad, haya o no otro hombre en su vida. Pueden dar por terminada la relación sencillamente porque se sienten insatisfechas, estancadas o degradadas por su papel. El trauma de dejar a su marido se ve mitigado, porque tienden a tener una mayor capacidad de aceptar el apoyo y sustento emocional de sus amigos y familiares durante esta época de crisis.

Durante la última década, que la mujer tome la iniciativa de una separación o de un divorcio se ha convertido en un fenómeno cada vez más frecuente. Se trata de uno de los cambios más drásticos y dramáticos ocurridos en las relaciones hombre-mujer en nuestra cultura. En estos casos, el hombre con frecuencia se muestra totalmente incrédulo y desprevenido. Nunca pensó que existiera ni la más remota posibilidad de ser abandonado por su mujer.

Por tanto, el impacto es especialmente devastador. Con frecuencia se entrega a maniobras terriblemente humillantes para intentar reconquistarla. Durante este proceso el terror, el pánico y la depresión pueden ponerle al borde del suicidio. Los bruscos altibajos de su estado de ánimo pueden prolongarse durante varios meses y alternarse con fantasías de violencia hacia la mujer que le rechaza y su amante, si lo tiene.

El hombre que era incapaz de ver a su mujer como una persona con necesidades y sentimientos, más allá de los aderezos superficiales de su papel de esposa y madre, es especialmente vulnerable a la devastación emocional.

> Donald M, un ingeniero de treinta y tantos años, constituía un ejemplo clásico de ello cuando atravesó una serie de fases bien diferenciadas durante el proceso de divorcio.
>
> Donald era ambicioso y estaba consagrado a sus negocios. Compró con otros dos socios una fábrica a unos quinientos kilómetros de su casa aproximadamente, y se dedicó a la manufactura de piezas de ordenador poco des-

pués de casarse con Kathy. Esto significaba que se ausentaba de casa por sus negocios al menos dos veces al mes.

Su mujer procedía de una familia muy estricta y moralista. Se casó con Donald cuando tenía veintidós años y fue el primer hombre que se acostó con ella.

Kathy satisfacía las fantasías de Donald de una buena esposa y madre. Por tanto, apenas le importaba que fuera casi totalmente pasiva en el aspecto sexual. Ella se quejaba de que las relaciones sexuales le resultaban físicamente dolorosas. Fue a un ginecólogo para averiguar si su dolor tenía un origen físico y éste le informó de que su problema no era físico y que, en cuanto aprendiera a relajarse, los dolores desaparecerían y empezaría a disfrutar del sexo.

En algunos sentidos Donald se sentía incluso tranquilizado por el malestar de Kathy con respecto al sexo. Para él era la prueba de que era una mujer tradicional y chapada a la antigua. En realidad, es posible que se hubiera sentido más preocupado si ella se hubiera mostrado abiertamente interesada por las cuestiones sexuales; así podía sentirse justificado sin problemas por sus ausencias por viajes de negocios sin sentir que la estaba privando de su presencia, y no tenía que preocuparse de una posible infidelidad.

Aunque Kathy se sentía frustrada desde el punto de vista sexual, evitaba hablar sinceramente de ello con Donald por miedo a dañar su ego masculino. Prefería dar pábulo a su fantasía fingiendo que el sexo no era importante para ella. Inconscientemente, también le daba un cierto poder sobre él. Ella podía hacerle sentir, a causa de su dolor durante el acto sexual, que cada uno de estos encuentros era un sacrificio y una prueba de amor que ella le concedía y por el que tendría que sentirse agradecido.

Tuvieron dos hijos en los primeros tres años de matrimonio. A medida que el negocio prosperaba, Donald se pasaba períodos cada vez más largos fuera de casa. Aunque con frecuencia se sentía sexualmente frustrado, acostarse con otras mujeres era algo impensable. No podía hacer eso, mientras ella estaba en casa cuidando a los niños y sin disfrutar de su presencia.

Mientras tanto, Kathy se sentía cada vez más resentida por quedarse sola en casa. Vacilaba en hacer partícipe a Donald de estos sentimientos porque no veía ninguna solución. La familia necesitaba el dinero; en cambio, después de ocho años de matrimonio empezó a pensar que tenía derecho a tener un amante.

Su primer amorío sólo duró tres semanas, pero con él descubrió que, en realidad, era una persona muy sexual. No sintió ningún dolor. Su amante, casado, era eróticamente agresivo, y Kathy se encontró haciendo y disfrutando de cosas que nunca le habrían parecido posibles. Descubrió que hasta le excitaba el sexo oral, algo ante lo que siempre había reaccionado con repugnancia cuando Donald se lo proponía.

Poco después de terminar con este amante, encontró otro. Donald no sabía lo que estaba ocurriendo, porque su propio trabajo lo mantenía ocupado y ajeno al distanciamiento emocional de Kathy cuando estaba en casa.

Cuando el negocio de Donald estaba en su mejor momento y le parecía que todo iba maravillosamente, Kathy anunció que se sentía preocupada e infeliz con su matrimonio y que necesitaba tiempo a solas para pensar. Le pidió a Donald que se fuera de casa. Cuando Donald puso objeciones, le acusó de dedicar más tiempo a su trabajo que a ella, de ignorarla y de ser frío y egoísta.

Fue un golpe muy duro para él. No había advertido ningún signo de aviso. Reaccionó con incredulidad e intentó convencerla de que fuera al psiquiatra. Le echó toda la culpa a sus problemas afectivos. Kathy le prometió buscar ayuda psiquiátrica, pero sólo después de que él se marchara. Cuando él se resistió, ella le amenazó con el divorcio. En su desesperado esfuerzo por no perderla, consintió en marcharse.

Donald había comenzado a pasar por las fases conocidas por muchos hombres a los que sus mujeres anuncian inesperadamente su decisión de abandonarlos. La primera fase fue una reacción de incredulidad y protesta total.

En la segunda fase Donald adoptó una actitud de perro apaleado y una disposición desconsolada a complacerla siendo un «buen chico». Conociendo a Kathy tan bien como creía conocerla, estaba seguro de que ella no sería insensible a su sufrimiento, sentiría pena por él y le pediría que regresara. Creyó a pies juntillas en su afirmación de que sólo necesitaba un poco de tiempo para pensarse las cosas. Así que alquiló un pequeño apartamento.

Pasaron tres semanas y seguía sin encontrar el modo de

presionar a Kathy para que volviera a aceptarlo. Siempre que lo intentaba, ella le replicaba que seguía sin estar preparada y que si no era capaz de comprenderlo, quizá sería mejor que se divorciaran.

Pasaron otros dos meses y Kathy todavía estaba lejos de sentirse «preparada». Donald ante tal situación pasó a la tercera fase. Empezó a echarse toda la culpa de la ruptura y prometió acudir él mismo al terapeuta para cambiar y hacerse un marido mejor y más responsable. Donald se pasó una sesión tras otra haciendo acto de contrición ante el terapeuta, haciéndose eco a menudo de las opiniones de Kathy. Se había mostrado egoísta, frío, un padre indiferente, y además su actitud hacia ella era machista.

Le suplicaba una y otra vez al terapeuta que le dijera cómo recuperar a Kathy. Maquinaba estrategias y buscaba las palabras mágicas que la convencerían de que volviera. Y no dejaba de insistir ante él en su seguridad de que no había otros hombres en la vida de Kathy.

Pasaron varios meses y Kathy decidió que ya era hora de divorciarse. Sin embargo, se mostraba reacia a enfrentarse directamente a él. Se sentía obligada a protegerle y no quería herirle. Así que le dijo que creía que deberían ir juntos al terapeuta. Donald estaba en el séptimo cielo, porque estaba seguro de que esto significaba que ella quería encontrar una solución.

Durante la sesión el terapeuta comentó que Kathy parecía muy distante, mientras que Donald estaba pasando por las mayores angustias emocionales. En ese momento ella admitió que no le quedaban energías para esa relación y que quería acabar con ella.

Donald entró en la cuarta fase. Ya había superado las fases de negación y de esperanza. Su peor pesadilla se había hecho realidad, y empezó a mostrar los primeros síntomas de una crisis nerviosa. Lloraba, temblaba y se pasó varias semanas casi paralizado. Llamaba a Kathy cuatro o cinco veces al día con cualquier excusa, y luego le suplicaba que reconsiderara su decisión. Se pasaba horas recorriendo la ciudad en coche, e invariablemente acababa dando vueltas a la casa.

No podía concentrarse ni podía trabajar. Lo cierto es que su negocio le producía náuseas, porque opinaba que era el responsable de la destrucción de la única cosa que había dado algún sentido a su vida. Revivía continuamente antiguas escenas de familia, intentando comprender cómo se había desmoronado todo.

Después de dos meses de este infierno comenzó a obligarse a salir de allí y pasó a la quinta fase: el resurgimiento social y emocional. Esta fase es distinta en cada hombre. En el caso de Donald, empezó a salir con mujeres y pronto conoció a una divorciada dos años más joven que él. Ella le procuró consuelo y comprensión, y poco tiempo después se fueron a vivir juntos.

En otros casos, a medida que el marido rechazado empieza a recuperar las fuerzas y se libera de su fijación emocional por su ex mujer, ella puede recobrar el interés y abre el proceso de reconciliación. Es posible que en ese momento haya realizado sus propias fantasías y que las haya encontrado poco satisfactorias. Además, ahora que su marido ha dejado de rebajarse ante ella, le resulta más atractivo. Este, a pesar de su insistencia en que todo ha terminado, puede empezar a flaquear. Vuelve a sentirse dividido, y puede que incluso culpable, por no reaccionar tan cariñoso como su mujer espera de él.

La experiencia de la mayoría de los hombres en el proceso de divorcio acaba con el mito de la autonomía, la independencia y la fuerza masculina. Sea él quien se marcha o el que es abandonado, el divorcio es desgarrador y le produce sentimientos de culpa. Cuando es él el rechazado, con frecuencia se siente aturdido, incrédulo y desesperado; puede tener ataques de furia como un bebé al que le han retirado el pecho de la boca antes de tiempo; por último, incluso puede sumirse en un estupor apático, distante y sin energías, igual que un niño que se siente fuertemente rechazado.

> Un prisionero de la guerra de Vietnam que regresó hace poco a casa y cuya mujer se divorció de él, después de haberse pasado varios años en un campo de prisioneros, señalaba que estar prisionero todos esos años le parecía mucho menos doloroso que pasar por el proceso de divorcio cuando volvió a casa. Dijo: «En la prisión podía soportar el

dolor físico. Viví ocho años con muletas porque me rompí la pierna derecha por dos sitios en un salto en paracaídas. Me torturaron, como a los demás prisioneros, y descubrí que podía soportarlo. Pero la prueba emocional de las últimas semanas ha sido difícil de superar.» [3]

El hombre que toma la iniciativa del divorcio se siente igualmente en conflicto; le abruma la culpa por haber sido el agresor, el destructor, el egoísta. Por lo común, el hombre se siente responsable sea el primero o no en marcharse. Cuando ella lo deja, él echa la culpa a su falta de sensibilidad ante las necesidades de su mujer o a una excesiva dedicación al trabajo, etc. Cuando es él quien la abandona, se siente culpable por actuar como un canalla.

Históricamente, el sistema legal ha adoptado un punto de vista parecido. Los procesos de divorcio estaban pensados generalmente para castigar al hombre, que en la mayoría de los casos era considerado el responsable de la ruptura del matrimonio. Fuera por las circunstancias o por cortesía, la mayor parte de las demandas de divorcio era presentada por mujeres. La razón por la que típicamente el hombre ha sido siempre el que recibía los papeles era que el «acusado», el «culpable», se presentaba en el tribunal para recibir su castigo. Antes de las leyes de divorcio «con independencia de la culpa de las partes» recientemente aprobadas en algunos estados, sólo la parte contra la que se entablaba el divorcio podía ser obligada a mantener a la otra [4]. Antes de estas nuevas leyes, si por ejemplo el hombre era hallado culpable de adulterio, era automáticamente castigado con la obligación de ceder más del 50 por 100 de los bienes gananciales a su mujer. En ocasiones, este porcentaje ascendía al 75 por 100 de la propiedad o incluso más [5].

La peor tragedia para el hombre que se divorcia es que, con frecuencia, vuelve a la situación de partida o a una aún peor. Puede verse obligado a renunciar a casi todo lo que ha tardado años en conseguir. Como decía un hombre divorciado: «Me han dejado sin nada. He perdido todo lo que había reunido a lo largo de quince años [6]». Un trabajador manual contaba que después de veinte años de matrimonio, cuando se divorció no le dejaron más que el coche y la ropa. Su razonamiento era el siguiente: «Aunque he perdido todo lo que he estado veinte años trabajando para conseguir, por lo menos ya no soy un esclavo.»

El hombre divorciado con niños soporta la pérdida de su hogar, de muchas de las cosas que había en éste y que apreciaba, de una gran parte de sus propiedades, una porción importante de su renta, y además puede encontrarse cada vez más alejado de muchos de los amigos a los que veía como miembro del matrimonio. Y puede llegar a perder casi por completo a sus hijos, si no de inmediato, sí como consecuencia inevitable a largo plazo de su condición de padre ausente.

Una mujer divorciada que se volvió a casar dos años más tarde del nacimiento de su primer hijo, decía de su ex marido y padre de su hijo: «Me hace desgraciada, porque no quiere desprenderse de nuestro hijo. Sigue insistiendo en verlo todos los fines de semana.»

Su comentario es un ejemplo extremo de una actitud muy común. Una vez divorciado, si la mujer tiene la custodia, como ha ocurrido tradicionalmente, los niños se convierten cada vez más en propiedad suya. La mujer que comentaba que su marido no quería renunciar al niño tenía dos hijos más de su segundo marido. Su ex marido era ahora una reliquia lejana y fastidiosa de lo que ella denominaba un pasado desdichado. Consideraba el padre de todos sus hijos a su actual marido.

Otra mujer divorciada, furiosa porque su ex marido había hecho algunas operaciones ruinosas en su negocio, por lo que llevaba dos meses y medio de retraso en el pago de la pensión, comentó que simplemente le prohibiría ver a los niños hasta que la pagara. El mensaje implícito es que los niños le pertenecen a ella y que su ex marido tiene que pagar por el privilegio de sus visitas.

Las investigaciones indican que una mujer que se vuelve a casar, tiende a experimentar sentimientos cada vez más negativos hacia su anterior marido cuando sale desfavorecido en la comparación de ese matrimonio con el actual, más feliz[7]. Por tanto, es inevitable que anime a los niños a estrechar las relaciones con su nuevo padre.

Es cierto que un padre divorciado que no tiene la custodia de sus hijos pierde cada vez más su afecto. Si su ex mujer vuelve a casarse, es posible que su nuevo marido le sustituya en su papel.

¡No hace falta mucha sensibilidad para comprender la angustia de un padre divorciado, cuyos hijos llaman «papá» al nuevo marido de su mujer! Si la madre se marcha del barrio o del país, o si, por necesidades económicas, el padre se ve obligado a cambiar de domicilio, eso puede significar realmente el fin de cualquier relación con los niños. En el transcurso de estas largas ausencias, por un mecanismo de autodefensa emocional, los niños pueden empezar a reprimir su recuerdo o incluso llegar a tomarle antipatía para sentirse más tranquilos ante su ausencia.

Consideren lo angustioso del caso de un hombre divorciado que hace poco se dirigió a un centro de asistencia familiar en busca de consejo. Su ex mujer y su nuevo marido querían adoptar a su hija de dos años. Deseoso de hacer lo que fuera mejor para su hija, se sentía desgarrado ante el doloroso conflicto sobre el que tenía que decidir [8].

Si la mujer se siente furiosa con su ex marido y le culpa del divorcio, los niños pueden ser utilizados como instrumento para controlarlo y castigarle. Ella puede apartarlos de él de modos sutiles o directos. Como pasa con ellos la mayor parte del tiempo, puede insistir una y otra vez en las historias de las injusticias que él ha cometido. También puede echarle la culpa de todos los malos momentos por los que ella pase después del divorcio. En casos más extremos de animosidad entre los padres divorciados, puede amenazar a los niños, amenazándoles con castigarles si se ponen en contacto con su padre. Un padre divorciado que se encontró en esta situación recibía llamadas telefónicas secretas de sus hijos desde las casas de sus amigos.

Ante la posibilidad de que sólo disponga de un tiempo muy limitado para estar con ellos, el padre divorciado se sentirá obligado a complacer a sus hijos, siempre que los vea, para evitar enemistarse con ellos. Por consiguiente, puede intentar comprar su amor con golosinas y distracciones. También vacilará cuando tenga que imponerles un castigo, por miedo a que se aparten de él. Ellos podrían vengarse fácilmente adoptando actitudes pasivas y hoscas cuando están con él o diciéndole a su madre que sencillamente no quieren estar con él.

Su actitud defensiva puede llevarlos a una interacción humillante en la que se siente obligado a adular a sus hijos. Ellos mandan. Han adquirido poder sobre él.

El padre divorciado que se arriesga a que sus hijos se aparten de él castigándolos cuando está con ellos, puede tener que hacer frente a una situación en la que los niños, al volver junto a su madre, le den cuenta de todos los «horrores» de su conducta. Entonces papá se arriesga a ser acusado de traumatizar a los niños. Por otra parte, si les complace en sus caprichos, puede ser acusado de mimarlos demasiado.

El padre divorciado tiene que enfrentarse a una situación de pesadilla en la que todos los esfuerzos de su vida matrimonial se desvanecen ante sus ojos. Cuando veo cómo quedan destruidas las vidas de muchos hombres divorciados, pienso en el eterno estribillo de la mujer divorciada, según el cual tiene derecho a todo lo que pueda conseguir porque le ha dado a su marido los mejores años de su vida.

GUIA PARA EL HOMBRE DIVORCIADO

1. No comience el matrimonio creyéndose omnipotente y pensando que a usted nunca podría ocurrirle. Existe una probabilidad de casi un 50 por 100, según las estadísticas actuales de divorcio, de que se produzca un divorcio o separación. Por tanto, si es posible, hable o incluso negocie las posibles eventualidades con su consorte o con un abogado antes del matrimonio.

2. Apoye a su mujer cuando exprese sus deseos durante el matrimonio, su desarrollo educativo y profesional y cualquier otra cosa que haga de ella una persona autónoma e independiente. De este modo, durante el divorcio no será usted tan vulnerable a los sentimientos de culpabilidad por lo indefensa que se encontrará sin usted, y ella se sentirá más segura por lo que respecta a su capacidad de sobrevivir con sus propios recursos.

3. Libérese de los conceptos de víctima-verdugo y opresor-oprimido. Comprenda que todo lo que ocurre en el matrimonio es el resultado de la interacción, no la responsabilidad de una sola persona que es considerada como un malhechor. No es usted el malo por iniciar la separación. Si ella le deja, sobre todo si es por otro hombre, considérelo como una experiencia que le hará madurar y empiece a construirse una nueva vida. No agote sus energías acusándose o dedicándose a maniobras inútiles para reconquistarla.

4. Libérese psicológicamente de la culpabilidad y otros mensajes autodestructivos una vez iniciado el proceso de divorcio. Con la ayuda de un intermediario con un buen conocimiento de la psicología, trace con cuidado la línea que separa la decencia o la justicia de la conducta provocada por la culpa y autopunitiva.

5. Para las cuestiones de la custodia, recuerde que si se convierte en un padre ocasional se encontrará cada vez más alejado emocionalmente de sus hijos. Si su mujer vuelve a casarse, deberían compartir a partes iguales por lo menos la custodia de los hijos. De otro modo esté casi seguro de que perderá a sus hijos, de hecho y también psicológicamente, a medida que comiencen a sentir cariño por su nuevo padre.

XII. LOS PELIGROS DE SER HOMBRE

> Cuando el yo de un hombre está oculto a la vista de todos... parece ocultarse hasta de sí mismo, y permite que la enfermedad y la muerte corrompan su esencia sin que él tenga clara conciencia de ello. Los hombres que son desconocidos y/o insuficientemente queridos caen enfermos con frecuencia, o incluso mueren, de manera repentina y sin previo aviso... Si se tuviera acceso directo al yo real de una persona, se habrían advertido muchas señales que desde el primer momento indicaban que el modo de vida actual estaba generando enfermedades [1].
>
> Sidney Jourard

La mitología cultural afirma que el hombre ocupa una posición privilegiada. Después de todo, sí que da la impresión de tener más opciones, más alternativas, más poder y de disfrutar de mayor libertad que la mujer. Si todo esto es realmente cierto, entonces está pagando un precio increíblemente elevado por su papel de jefe, porque los hechos que conforman su realidad son verdaderamente aterradores.

Aunque se conciben aproximadamente 105 niños varones por cada 100 mujeres [2], la población general cuenta con aproximadamente 95 varones por cada 100 mujeres [3].

Desde el punto del nacimiento la tasa de desgaste es significativamente más elevada para el hombre. Se producen aproximadamente 115 muertes de fetos varones por cada 100 muertes de fetos hembras [4]. Casi a cualquier edad, desde el nacimiento hasta la muerte, la tasa de mortalidad del hombre es significativamente más elevada. En concreto, desde el nacimiento hasta el primer año de vida la tasa de mortalidad del hombre es un 33 por 100 más elevada que la de la mujer; de los quince a los diecinueve años, la tasa de mortalidad del hombre es un 150 por 100 más elevada; de los veinte a los veinticuatro es más de un 200 por 100 más elevada, y, casi a cualquier edad posterior, la tasa de mortalidad del hombre es aproximadamente un 100 por 100 más elevada, *¡dos veces más alta que la de las mujeres!* [5].

La situación está empeorando. En 1920 la esperanza de vida de la mujer sólo era de un año más que la del hombre. *¡Hoy, la diferencia es de casi ocho años y está aumentando!* [6]. El aumento de la esperanza de vida desde 1920 ha sido mayor para las mujeres que para los hombres en prácticamente todas las edades.

Según un estudio de población realizado en Harvard, si se sigue con esta tendencia, para el siglo próximo los ancianos tendrán que hacerse polígamos, porque según las previsiones habrá 145 mujeres por cada 100 hombres mayores de sesenta y cinco años [7].

La creciente diferencia en la longevidad no se puede atribuir ingenuamente a alguna superioridad biológica «natural» de la mujer. Los hombres tienen una mayor capacidad cardíaca y pulmonar en relación con su tamaño y una mayor capacidad de almacenar oxígeno en la sangre que les permite recuperarse más rápidamente del agotamiento. La edad máxima comprobada de un ser humano fue alcanzada por un hombre. Estas terribles estadísticas de longevidad para los hombres han de ser consideradas desde la perspectiva de los estilos de vida, el estrés, los hábitos fisiológicos, las represiones emocionales y las presiones sociológicas.

La condición de hombre resulta particularmente peligrosa durante la niñez, cuando supuestamente el hombre está culturalmente privilegiado, al disponer de mayores oportunidades de exploración y de disfrute. Aunque la presión cultural para que el niño actúe según modelos tradicionalmente masculinos es mucho mayor que la que sufre la niña para actuar según los modelos tradicionalmente femeninos (una niña «chicazo» es graciosa, un niño «mariquita» terrible), el niño que crece en la sociedad actual tiene muy pocos modelos masculinos de carne y hueso que estén cerca de él el tiempo suficiente para que pueda identificarse con ellos y hacer fácil y cómoda la transición a la edad adulta.

Durante los primeros diez años de su vida las figuras importantes de autoridad con las que se identifica son sobre todo mujeres, en particular la madre y la maestra. (Hay muchas posibilidades de que en la escuela elemental tenga a una mujer por profesora.) Papá, o bien trabaja todo el día y llega a casa demasiado cansado para mostrarse realmente participativo, o los padres están divorciados y la madre tiene la custodia. Por consiguiente, el niño pequeño tiene que aprender a identificarse como hombre de maneras en su mayor parte indirectas, a partir de la definición cultural transmitida por las mujeres o fantaseando con ayuda de la televisión o la lectura.

La tendencia predominante en el mundo contemporáneo para la interacción parental es el modelo de madre dominante y padre pasivo. Parece que el progenitor masculino ha pasado progresivamente a un segundo plano y le ha cedido las riendas a la madre. Por tanto, aunque el padre esté presente en el hogar, con frecuencia sólo ofrece una imagen ambigua y borrosa para la identificación del niño.

Esta situación se agrava aún más para el hijo pequeño por el hecho de que, en las pocas ocasiones en que el padre produce una impresión bien definida en él, a menudo lo hace en calidad de administrador de disciplina: el malo. La madre advierte a su hijo que si se porta mal, se lo dirá a papá cuando llegue a casa. Por tanto, cuando papá no es una presencia confusa, a menudo se transforma en una figura de identificación temida y negativa.

Por tanto, el proceso de identificación temprano resulta paradójico y trágico para el niño. Se le presiona para que sea «todo un chico», pero tiene que alcanzar una identificación masculina casi por poderes, a través de un padre que, o bien se desinteresa, o está ausente con frecuencia, o cuando está presente se muestra pasivo o asume un papel punitivo.

A pesar de la actitud liberal de muchos padres actuales que permiten a sus niños adoptar las actitudes tradicionalmente femeninas, un estudio reciente señalaba que el niño que muestra interés en actividades de índole femenina sigue teniendo que hacer frente a la compasión por su «afeminamiento»[8].

El director de un programa de investigación para el tratamiento de la identidad sexual de la UCLA * informaba de que, a diferencia de las niñas «chicazo», los niños «afeminados» se convierten rápidamente en el blanco del rechazo general. Todos los niños que estaban siendo tratados en este programa por su conducta afeminada habían sido víctimas de hostigamientos. Según el informe, los compañeros de clase de un niño de siete años le arrancaron la camisa para ver si tenía pechos como las mujeres[9].

No resulta demasiado sorprendente el hecho de que, aunque las niñas con actitudes de «chicazo» no están excluidas de este programa, casi nunca son traídas por sus padres. Es evidente que en nuestra cultura los progenitores, al parecer, no se inquietan demasiado por sus hijas «chicazos», pero que se sienten muy inquietos si sus hijos manifiestan actitudes «afeminadas». Se trata de una paradoja cultural muy destructiva para el hombre, ya que las investigaciones han revelado que tanto los niños como las niñas se identifican más íntimamente con la madre que con el padre y que los niños tienen más dificultades para alcanzar la identificación con su propio sexo[10].

Las experiencias educativas tempranas de los niños también pueden resultar muy dolorosas de muchas maneras sutiles y no tan sutiles. En las escuelas públicas la mayoría de los alumnos que los profesores consideran problemáticos son niños. Un estudio reciente sobre alumnos de colegios de California, en los que están permitidos los castigos corporales, señalaba que los niños recibían azotainas de los profesores dieciocho veces más a menudo que las niñas[11].

El marco de la escuela primaria enfrenta al niño pequeño a más dilemas dolorosos de los que es capaz de resolver.

---

* Universidad de California en Los Angeles. *(N. de la T.)*

Mientras que existe una gran presión por parte de sus iguales para que se porte como un chico, los valores apreciados por el profesor dentro del aula son tradicionalmente «femeninos». Se insiste en la cortesía, la pulcritud, la docilidad y la limpieza, y no está bien visto que el niño ejercite sus músculos en exceso. Con frecuencia, la mayor parte de la energía de los profesores se invierte en conseguir que los niños estén en silencio y tranquilos en sus asientos.

Un reciente estudio de 12.000 alumnos llegaba a algunos resultados interesantes con respecto a esta cuestión. La investigadora ponía en correlación el grado de masculinidad de los niños según el censo psicológico del estado de California con sus calificaciones escolares. Descubrió que cuanto mayor era la puntuación en la escala de masculinidad, más bajas tendían a ser sus calificaciones medias.

De los 277 alumnos con una media de D o F *, el 60 por 100 eran niños. De los dos niños con los mejores historiales académicos, se observaba que uno era marcadamente afeminado en sus palabras y gestos, mientras que el otro «daba la clara impresión de ser más femenino que afeminado». Los dos niños tenían puntuaciones muy bajas en educación física.

La investigadora llegó a la conclusión en su estudio de que «muchos colegios y academias son lugares deshumanizantes y poco viriles. Los niños que tienen éxito en ellos, a menudo lo consiguen violando groseramente muchos códigos de honor y las normas de la cultura masculina infantil» [12].

El niño se encuentra ante innumerables dilemas parecidos en nuestra cultura. Se le dice que tiene que hacerse un chico, pero para ello dispone de muy pocos modelos masculinos. Se le enseña que los «niños de verdad» son activos y fuertes, pero después tiene problemas en el colegio por portarse como un «niño de verdad». Se encuentra en constante conflicto entre su propia agitación y deseos de actividad y la exigencia del profesor de que se muestre tranquilo, obediente y pasivo.

No es sorprendente, por tanto, que un estudio llevado a cabo entre 1.700 niños, toda la población escolar de una

* Equivalentes al «suficiente» e «insuficiente» del sistema de calificaciones español. *(N. de la T.)*

ciudad universitaria del medio oeste, desde el jardín de infancia hasta la escuela secundaria, hallara que los niños mostraban un predominio significativamente mayor de trastornos de conducta. Estos incluían, entre otros, el carácter desigual y la conducta estrafalaria, el ensimismamiento («estar en las nubes»), poca capacidad de atención sostenida, pasividad y sugestionabilidad, hiperactividad, negativismo, nerviosismo, mala coordinación muscular, tendencia a la distracción e incapacidad de relajarse.

De cincuenta y cinco síntomas, los niños manifestaban, en una proporción significativamente mayor que las niñas, aproximadamente cuarenta. Estas sólo manifestaban un predominio significativamente importante de cinco de ellos, que incluían «no sabe cómo divertirse», timidez, celos por la atención prestada a otros niños y molestias físicas como dolores de estómago e hipersensibilidad («se sienten fácilmente heridas en sus sentimientos»).

Los investigadores concluían:

> Parece haber pocas dudas de que los chicos no sólo manifiestan más síntomas, sino que la mayoría de estos síntomas tiene una connotación de «maldad». Por tanto, puede concluirse que a esta edad las profesoras ven a los niños como más problemáticos o «peores» que las niñas... Así, hay que considerar que los niños tienen un índice mayor de trastornos y corren más «riesgos» que las niñas en nuestra sociedad [13].

Los niños acuden a las clínicas de orientación infantil en un número que, en ocasiones, es hasta tres veces mayor que el de las niñas. Una de estas clínicas, situada cerca de una gran área metropolitana, atiende a todo el estado de Michigan y acude a ella una muestra representativa de niños y adolescentes con trastornos graves y moderados. De los 500 niños estudiados en este informe, 380, o el 76 por 100, eran niños. La proporción entre niños y niñas era ligeramente mayor que la de tres a uno. Los diez síntomas más comunes eran: malos resultados académicos, problemas de conducta, problemas de lectura, agresividad, hiperactividad, robos, actitud rebelde, malas relaciones con sus compañeros, ataques de ira y ansiedad [14].

En diferentes informes se ha apuntado que el autismo, la forma más grave de esquizofrenia infantil, es de tres a cuatro veces más frecuente en los niños [15]. En las unidades infantiles de las instituciones mentales estatales y de condado, los niños exceden a las niñas en aproximadamente el 150 por 100 [16]. El diagnóstico de esquizofrenia en varones menores de quince años es de un 42 por 100 más frecuente que en las hembras [17].

A la luz de todos estos datos es evidente que las «ventajas» de ser un joven varón en nuestra cultura son extremadamente ambivalentes. Desde la primera infancia sus emociones son reprimidas por otras personas, y por tanto también por él. Se le condiciona continuamente de mil maneras para que no exprese abiertamente sus sentimientos y necesidades. Aunque él también tiene necesidad de sentirse dependiente, aprende que no es masculino exteriorizar esta necesidad. Tampoco es masculino sentir temor («asustado»), querer ser tomado en brazos, acariciado y besado, llorar, etc. Mientras que todas estas expresiones del yo son aceptables en una niña, son incompatibles con la imagen de dureza y control buscada por el niño.

Si se cae y se hace daño, se le insta a que niegue su dolor porque «los niños grandes no lloran». Esta actitud se prolonga en la adolescencia, cuando el «héroe» de un partido de fútbol o de baloncesto será aquel que continúa jugando después de haber sido herido. Por lo general, nuestros atletas profesionales a menudo son drogados para anestesiar sus dolores cuando han sufrido heridas que no les incapacitan para el juego, y vuelven a ser lanzados a la refriega.

El resultado final de todo esto es un hombre adulto con tendencia a ignorar, negar y, en general, «no sintonizar» con los síntomas de enfermedad y malestar que da el cuerpo. Trabajará incluso cuando no se sienta bien, y sólo guarda cama cuando está al borde del colapso. Como estar enfermo significa estar un tanto indefenso, mostrarse pasivo y dependiente, se resiste a ello durante mucho más tiempo del debido.

Como estar enfermo, guardar cama y «mimarse» son algo odioso para la imagen masculina, puede ser tan sordo a las señales de su cuerpo que pase de sentirse maravillosamente un día a tener un ataque al corazón al siguiente. Los síntomas de enfermedad inminente, o bien han sido ignorados o no se experimentaron nunca de manera consciente. La consecuencia es que, cuando por fin acaba siendo hospitalizado, tiende a estarlo en un porcentaje de tiempo de un 15 por 100 más que la mujer [18].

Otros datos corroboran también la resistencia del hombre a cuidarse y buscar ayuda para sus problemas físicos. Los hombres hacen aproximadamente un 25 por 100 menos de visitas al médico y al dentista que las mujeres [19]. Para que no se saque la conclusión de que esto se debe a que los hombres gozan de mejor salud, los siguientes datos sobre enfermedades crónicas mortales disiparán por completo esta ilusión.

Los hombres tienen de cuatro a cinco veces más probabilidades que las mujeres de morir de bronquitis, enfisema y asma. Las tasas de mortalidad por enfermedades cardiovasculares y cirrosis hepática son dos veces más elevadas. Los hombres mueren por hipertensión con una frecuencia aproximada de un 40 por 100 más alta; de gripe y neumonía con una frecuencia del 64 por 100 más, y de arterioesclerosis con una frecuencia de un 20 por 100 más [20].

Los hospitales de tuberculosos tienen una población masculina que es un 150 por 100 más elevada, y los hospitales de enfermedades crónicas tienen una población masculina de un 50 por 100 más que de mujeres [21].

Según las estadísticas correspondientes a 1973 de la Asociación Americana contra el Cáncer, la tasa de mortalidad anual por cáncer en los hombres es casi de un 40 por 100 más elevada [22]. La tasa de mortalidad masculina para algunos cánceres específicos, como el de pulmón y el de esófago, es aún mayor.

Un hombre que sufre problemas emocionales también se resiste a buscar ayuda profesional o de sus amigos. Hasta que acabe derrumbándose completamente, tenderá a negar que tenga siquiera problemas. Ha aprendido muy bien a ocultar y reprimir su verdadero yo y sus sentimientos, y a guardar sus secretos. El hombre divorciado es un trágico ejemplo del resultado de esta actitud y orientación «masculinas». Para los hombres divorciados, la tasa de mortalidad es 3,16 veces la de las mujeres divorciadas[23]. En todas las instituciones psiquiátricas que admiten pacientes internos, ya sean estatales, del condado, privadas o en hospitales generales, el número de hombres separados o divorciados excede al de mujeres en un 20 por 100. Sin embargo, en los servicios psiquiátricos para enfermos no hospitalizados, el número de mujeres separadas o divorciadas excede al de varones en un 12 por 100[24]. Estas cifras sugieren que las mujeres están más dispuestas a pedir ayuda, antes de que los problemas emocionales se agraven tanto que exijan la hospitalización.

Algunas feministas han afirmado que las mujeres tienen más problemas emocionales, y como prueba citan el hecho de que hay un mayor número de ellas en tratamiento psicoterapéutico privado. Sin embargo, creo que acudir a la terapia privada en realidad es un signo de la mayor sensibilidad y conciencia de sus sentimientos que tienen las mujeres, de su mayor capacidad para pedir ayuda y para permitirse depender de los demás y acercarse a ellos para obtenerla. Posiblemente, también se muestren menos reacias que el hombre a gastarse dinero en sí mismas con este propósito, y/o en algunos casos su marido está más dispuesto a gastarlo en ella que en sí mismo. Así parece indicarlo el hecho de que el número de mujeres que utilizan los servicios psiquiátricos privados exceda en un 18 por 100 al de hombres, mientras que los hombres son admitidos en hospitales públicos estatales o del condado en un porcentaje del 20 por 100 más que el de las mujeres[25].

La tragedia de la resistencia del hombre a pedir ayuda para sus problemas emocionales es que probablemente la necesite con mayor urgencia. Los estudios recientes sobre la tolerancia al estrés señalan que el hombre tiene menos capacidad para afrontar el estrés. Un estudio con niños de un año de edad, por ejemplo, reveló que los niños se sentían inquietos en condiciones de tensión con más rapidez y exigían con más frecuencia la presencia de su madre para poder soportarla[26].

Por mi propia experiencia como psicoterapeuta, estaría de acuerdo con el investigador, quien concluía, después de comparar las diferencias por sexos en la salud mental, que:

«Las mujeres mostraban una mayor tolerancia y adaptabilidad de largo alcance al estrés y la frustración... [y] las mujeres como grupo muestran una mayor preocupación por la salud física y mental.»[27] Otro investigador, que ha estudiado el fenómeno del estrés durante más de veinticinco años, lo resumía de este modo: «Ya sea en experimentos con animales en el laboratorio o simplemente observando la vida cotidiana, invariablemente los hombres se vienen abajo antes que las mujeres. Su sistema nervioso central y su sistema endocrino simplemente no resisten bien la tensión»[28].

La situación profesional y el empleo son otra peligrosa fuente de estrés que en muchos sentidos afectan sólo al hombre. Al hablar de las diferencias en la salud mental según el sexo, un investigador señalaba en su monografía que «... la imagen positiva de sí mismo del hombre depende ante todo de su éxito profesional... Es muy probable que necesite el éxito en el trabajo como base para su éxito en el amor»[29]. Los psicoterapeutas han observado que la pérdida del empleo, un descenso en la posición profesional o un fracaso en una inversión, con frecuencia dejan como secuela la impotencia sexual.

El hombre que pierde su trabajo puede ver seriamente amenazadas su identidad y su respeto por sí mismo. Ha aprendido a valorarse según su rendimiento, sus logros y su productividad. Muchos hombres viven con el callado terror a perder su empleo y luchan desesperadamente por conservarlo. En esta época de «invasión del futuro» todos los hombres saben lo poco sólido que es su puesto de trabajo y viven con el temor de ser desechados por quedarse anticuados. La jubilación se convierte en algo temible más que deseable. Como es bien sabido, una gran proporción de hombres muere poco después de su jubilación.

Cualquier descripción de los «placeres» de la vida profesional quedaría incompleta sin la mención de que anualmente se registran alrededor de 14.000 muertes en el lugar de trabajo y más de dos millones de heridas con el resultado de incapacitación profesional. Un estudio reciente encargado por el Departamento de Trabajo de los EE. UU. señalaba que hay muchas más heridas graves de las que no hay constancia oficial[30]. Según las estadísticas gubernamentales, los hombres son víctimas de estos accidentes en una proporción que es, por lo menos, seis veces mayor que la de las mujeres [31].

La tragedia del hombre se evidencia en las siguientes estadísticas sobre cuestiones criminales y legales. Tiene seis veces más probabilidades de ser arrestado por asuntos de drogas, trece veces más de ser arrestado por embriaguez, nueve veces más de ser arrestado por delitos contra niños, catorce veces más de ser arrestado por delitos con armas, once veces más de ser arrestado por juego ilegal y tres veces más de ser arrestado por su participación en un accidente de circulación [32].

¿Qué ocurre después del arresto? Mientras que el 83 por 100 del total de personas arrestadas en 1970 eran hombres, más del 95 por 100 del total de ingresados en prisiones del estado o federales también lo eran [33]. Es evidente que el hombre tiene más probabilidades de ser arrestado y condenado a prisión.

En 1960, antes de que la pena capital fuera temporalmente abolida, el 21 por 100 de las personas arrestadas por asesinato eran mujeres. Sin embargo, sólo alrededor del 1 por 100 (30 de 3.294) de las personas ejecutadas por asesinatos eran mujeres [34].

En 1967 se estudiaron 1.720 casos criminales para determinar el efecto que tenían en la decisión del tribunal las características personales del delincuente. Este crítico estudio reveló que «se encontró que las mujeres recibían un trato mucho mejor que los delincuentes masculinos», que el juez manifestaba «una cierta actitud caballerosa hacia las mujeres», y que «las delincuentes femeninas sufren condenas distintas a la prisión en un porcentaje considerablemente mayor que sus iguales masculinos». Las diferencias en las penas se atribuían a la creencia popular de que la mujer comete crímenes pasionales y que «rara vez está poseída por tendencias criminales determinantes, que son más frecuentes en los criminales masculinos» [35].

La revista legal de la UCLA publicó recientemente un artículo sobre «Las disparidades en los procedimientos criminales». Utilizando un muestreo de 11.258 casos de 194 condados de los cincuenta estados, el estudio señalaba que «la disparidad tiende a favorecer a la mujer, especialmente a la hora de dictar sentencias». El estudio señalaba además:

> En cuanto a los procedimientos previos al juicio, los acusados hombres, en casos de asalto y hurto, tienen muchas menos probabilidades de ser puestos en libertad bajo fianza que puedan pagar que las acusadas femeninas... Los fallos de los tribunales federales, por lo general, tienden a demostrar que las acusadas femeninas reciben un trato más favorable que los acusados masculinos... En cuanto a los resultados de los procesos criminales estatales, los muestreos son lo bastante amplios como para afirmar con razonable seguridad que la acusada femenina tiene mayor probabilidad que el hombre de ser declarada inocente, y si es declarada culpable, es más probable que obtenga una suspensión de la sentencia o la libertad condicional [36].

Mientras que todo el mundo parece saber que los hombres cometen un número mucho mayor de crímenes, quizá no sea tan conocido el hecho de que también es mucho más probable que sean ellos las víctimas. Los hombres son víctimas de asalto con agravantes en una frecuencia superior al 143 por 100; sufren robo con allanamiento de morada con una frecuencia de un 404 por 100 más, son víctimas de hurto en un 150 por 100 más y de robo en un 45 por 100 más [37]. Y según los *Informes criminales* de 1972, los hombres eran las víctimas de asesinato en aproximadamente un 80 por 100 de los casos [38]. Aunque los hombres son arrestados por asesinato con una frecuencia seis veces mayor, cuando se trata de asesinato del cónyuge, que representa un 10 por 100 de todos los asesinatos, casi la mitad son cometidos por mujeres [39].

Ser un hombre homosexual es especialmente arriesgado en nuestra cultura. Como señalaba un estudio reciente: «La legislación en el campo de la justicia criminal está dirigida sobre todo contra el homosexual hombre, ya que casi nunca tienen efecto las leyes relativas a las mujeres homosexuales.» [40]

Un reconocimiento superficial realizado por ese investigador en quince centros de las fuerzas del orden público del sur de California revelaron una falta de interés hacia la homosexualidad femenina. Las mujeres arrestadas por este tipo de cargos representaban entre el 2 y el 4 por 100 del número total de arrestos por homosexualidad. «...en el departamento de policía de Los Angeles estos arrestos representaron entre el 2,9 y el 4,3 por 100 en un período de cinco años.» El investigador concluía que había una «...casi total falta de interés en las mujeres homosexuales desde el punto de vista de la aplicación de la ley»[41].

Ningún capítulo sobre los riesgos de ser hombre estaría completo sin tratar el tema de las estadísticas de suicidio. Son quizá las más contundentes de todas las estadísticas relativas a las «ventajas» y «alegrías» de ser hombre. Hasta la edad de veinticuatro años la tasa de suicidios masculinos supera en tres veces la de las mujeres. Por encima de los sesenta y cinco años, la tasa es casi cinco veces más alta para el hombre[42]. Estas estadísticas no tienen en cuenta los numerosos accidentes mortales de automóvil que pueden haber sido realmente suicidios. La proporción de intentos de suicidio que tienen éxito, frente a los malogrados, es doce veces más alta que en el caso de las mujeres. Es decir, las mujeres intentan suicidarse con una frecuencia de unas cuatro veces más que la de los hombres, mientras que los hombres *consiguen* realmente matarse con una frecuencia tres veces mayor.

Lo que puede parecer un lamento desesperado por el hombre, no es, en realidad, más que una descripción de las crisis reales a las que tiene que enfrentarse en nuestra cultura: crisis que no se remediarán simplemente con la puesta en práctica de la legislación, sino que exigen una revolución de la conciencia del hombre.

¿En virtud de qué lógica perversa puede el hombre continuar considerándose «el jefe»? Emocionalmente reprimido, sin contacto con su propio cuerpo, alienado y apartado de los demás hombres, aterrorizado por el miedo al fracaso, temeroso de pedir ayuda, arrojado sin previo aviso al cuarto de los trastos en su profesión cuando todo lo que sabe hacer en su vida es trabajar, quizá sea sorprendente que las estadísticas de suicidio no sean aún más elevadas. Sin embargo, el hombre quizá ha desarrollado el arte de crear muchas maneras ocultas de acabar con su vida.

[illegible]

[illegible]

[illegible]

[illegible]

LIBRARSE DEL YUGO: EL HOMBRE LIBRE

> Es la conciencia, la experiencia plena... de no encontrar salida, la que te ayuda a recuperarte y a darte cuenta de que todo aquello no era más que una pesadilla...[1]
>
> Frederick S. Peris

El hombre liberado, en contacto con su yo psicológico y fisiológico, simplemente no querrá disfrazar y bloquear las presiones de un yugo doloroso. Rechazará las situaciones vitales onerosas y las relaciones y ambientes poco gratificantes que santifican su papel al tiempo que niegan la expresión de su personalidad y de sus sentimientos. Rechazará los papeles «masculinos» impuestos desde el exterior y predeterminados, no por razones ideológicas, sino sencillamente porque son dolorosos y autodestructivos.

La lucha del hombre por aprender a escuchar y respetar sus propios impulsos internos y sus intuiciones constituye su mayor desafío. Su condicionamiento social externo ha sido tan poderoso que ha estado a punto de destruir su capacidad de ser consciente de su propia personalidad. Pero cada negación de sus sentimientos, cada reacción no sincera, cada compromiso fingido y cada acto motivado por la culpa o la fanfarronería es un paso más hacia su destrucción. Es necesario que cobre conciencia de su propio ser para poder evitar las tentaciones de ser un «buen chico», en lugar de hacer lo que es real y auténtico para él. El hombre no renunciará nunca a este papel de «buen chico» complaciente hasta que no se haya mostrado capaz, más allá de toda duda, de ver cómo su actitud destruye inevitablemente en lugar de facilitar las cosas.

La madurez del hombre será la consecuencia del reconocimiento sincero, desinhibido y orientado a su propio crecimiento de sus motivaciones profundas. Entre ellas estaría el impulso de protegerse a sí mismo, de vivir con alegría, de cuidarse y procurar su bienestar físico, de obtener el máximo placer de su sexualidad, de expresar sus sentimientos de manera espontánea y sin reparos, de revelar y compartir abiertamente sus fantasías, de personalizar en lugar de objetivar sus relaciones de manera que no tenga necesidad de blancos y salidas lejanas y anónimas para expresar su furia o la satisfacción indirecta de sus necesidades, de mantener un ritmo fluido de manera que pueda ser a la vez activo y pasivo con la misma facilidad y de relacionarse con otros hombres de un modo generoso y positivo, no manipulador y competitivo. Rechazará la actitud de hacer las cosas para evitar sentirse culpable, porque ésta siempre se mantiene al precio de ir acumulando en secreto el resentimiento y la frustración y la alienación de sus semejantes, y por tanto resulta contraproducente.

El hombre libre recuperará su personalidad total y estará cada vez más en contacto con su propio ritmo único e individual, en lugar de atenerse a un rígido reparto de papeles, imágenes y expectativas que le conducen a reacciones repetitivas y estereotipadas. Por tanto, en cierto sentido se convertirá en una persona imprevisible porque no permitirá que sus reacciones estén programadas por la presión externa, sino por sus impulsos internos. Se mostrará unas veces sociable, otras reservado, unas veces pasivo y otras activo, unas veces sexualmente apasionado y otras célibe, unas veces dependiente y otras independiente. En otras palabras, su ritmo y su conducta serán variables.

En los momentos en que su sentido de la responsabilidad le llevan a satisfacer las necesidades de otra persona, lo hará sólo manteniéndose continuamente consciente y alerta, lo que le permitirá tener siempre presente la separación entre la conducta propia de su papel y su verdadero yo.

El hombre libre reafirmará continuamente su derecho y su necesidad de desarrollarse y crecer, de ser completo y espontáneo, y de no conformarse con menos que un estado de completo bienestar. Disfrutará de todas y cada una de las muchas dimensiones de su persona, de su fuerza y su debilidad, sus éxitos y sus fracasos, su sensualidad, sus reacciones de afecto y lealtad ante las mujeres y los hombres. Seguirá su propia vía personal de desarrollo, haciendo sus propias paradas a lo largo del camino y gozando de su personalidad total, única y en continuo desarrollo.

BIBLIOGRAFIA

CAPÍTULO I

1. Monk, Abraham, «Factors on the preparation for retirement by middle-aged adults», *The Gerontologist,* Winter, 1971, 348-351.
2. Farrell, Barry, «You've come a long way, buddy», *Life,* 27 de agosto, 1971, 51.

CAPÍTULO II

1. Martin, Albert, «I am one man, hurt», *New York Times,* 25 de junio, 1973, 33.
2. Steinmann, Anne, y Fox, David J., *The male dilemma,* Nueva York, Jason Aronson, 1974, 140.
3. Gove, Walter R., «The relationship between sex roles, marital status, and mental illness», *Social Forces,* septiembre 1972, 34-44.
4. U S Dept of H E W, «Increase in Divorces», *Data from the national vital statistics system,* serie 21, n.º 20, 1967, 14.
5. Parkes, C. M.; Benjamin, B., y Fitzgerald, R. G., «Broken hearts: a statistical study of increased mortality among

widowers», *British Medical Journal*, marzo 1969, 740-743.
6. Segal, Bernard E., «Suicide and middle age», *Sociological Symposium*, n.º 3, 1969.
7. Bunch, J.; Nelson, B., Barraclough, B. y Sainsbury, P., «Suicide following bereavement of parents», *Social Psychiatry*, diciembre, 1971, 193-199.
8. Glick, Paul C., y Norton, Arthur J., «Frequency, duration and probability of marriage and divorce», *Journal Marriage and the Family*, 1971, 308-317.
9. Montagu, Ashley, citado por Myron Brenton en: *American Male*, Greenwich, Conn.; Fawcett Publications, Inc., 1966, 199.
10. Steinmann y Fox, *op. cit.*, 121-122.
11. «The broken family: divorce US style», *Newsweek*, 12 de marzo, 1973, 45-57.
12. Read, Ruth, «Changing conceptions of the maternal instinct», *Journal of Abnormal and Social Psychology*, 1923, 18 (n.º 1): 78-87.
13. Feshbach, Seymour, y Feshbach, Norma, «The young aggressors», *Psychology today*, abril, 1973, 90-95.
14. Alexander, Shana, «Will power change women?» *Newsweek*, 1 de abril, 1974, 30.
15. Edmiston, Susan, «Are psychoanalysis and feminism natural enmies?», *The Village Voice*, 13 de junio, 1974, 21.

CAPÍTULO III

1. Kazantzakis, Nikos, *Zobra The Greek*, Nueva York: Simon and Schuster, 1953, 103.
2. Sugarman, Daniel A., «Male impotence: What every woman should know», *Reader's Digest*, septiembre, 1973, 91-95.
3. Cooper, Alan J., «A clinical study of "coital anxiety" in male potency disorders», *Journal of Psychosomatic Research*, 1969; 13 (n. 2): 143-147.
4. Thoreau, Henry David, *Walden*, Columbus, Ohio: Charles E. Merrill Publishing Co., 1969, 10.

5. Nimkoff, M. F. (Ed.), *Comparative family systems* (Boston: Houghton Mifflin, 1965), 17.
6. Johnson, Roger N., *Aggression in man and animals*, Philadelphia: W B Saunders Company, 1972; 95.
7. *Ibíd.*, 94.
8. Johnson, Ralph E., «Extramarital sexual intercourse: a methodological note», *Journal of Marriage and the Family*, mayo, 1970, 279-282.
9. Kaye, Harvey E., *Male survival*, Nueva York: Grosset & Dunlap, 1974, 77.
10. *L. A. Herald Examiner*, 27 de junio, 1974.
11. «Modern living», *Time*, 28 de febrero, 1969, 48.
12. Wolfe, Linda, «The question of surrogates in sex therapy», *New York Magazine*, 3 de diciembre, 1973, 126.
13. «Carnal knowledge», *Ramparts*, diciembre, 1971, 16-28.
14. Grizzuti Harrison, Barbara, «Sexual chic, sexual fascism and sexual confusion», *New York Magazine*, 1 abril, 1974, 31.
15. Fisher, Peter, *The gay mystique*, Nueva York: Stein & Day, 1972, 105-106.

CAPÍTULO IV

1. Diehl, Digby, «Book talk: psychic echoes of man on the moon» (una reseña del libro *Return to Earth* por Buzz Aldrin, Jr., y Wayne Warga), *L. A. Times* Calendar Section, 25 de noviembre, 1973, 61.
2. Collier, Mary J., y Gaier, Eugene L., «The hero in the preferred childhood stories of college men», *American Image*, 1956; 16 (n.º 2): 177-194.

CAPÍTULO VII

1. Ultimas palabras de Pasteur, que reflejan la inconformidad científica con Claude Bernard, citadas por Walter McQuade y Ann Aikman en *Stress*, Nueva York: E. P. Dutton & Co., Inc., 1974, 18.
2. Davis, Clara M., «Results of self-selection of diets by

young children», *Canadian Medical Association Journal,* 41, 1939, 257-261.

3. Brennemann, Joseph, «Psychologic aspects of nutrition in children», *The Journal of Pediatrics,* agosto, 1932, 170.
4. Haimowitz, Morris L., y Reader Haimowitz, Natalie (Eds.), *Human Development,* Nueva York: Thomas Y. Crowell Company, 1960, 213.
5. Matarazzo, Ruth G.; Matarazzo, Joseph D., y Saslow, George, «The relationship between medical and psychiatric symptoms», *Journal of Abnormal and Social Psychology,* 1961; 62 (n.º 1): 55-61.
6. Weiss, S. M., «Psychosomatic aspects of symptom patterns among major surgery patients», *Journal of Psychosomatic Research,* 1969, 13 (n.º 1): 109-112.
7. Macoby, Eleanor E., y Nagy Jacklin, Carol, «Stress, activity and proximity seeking: sex differences in the year-old child», *Child Development,* 1973; 44: 34-42.
8. Stern, Robert M., y Higgins, J. David, «Perceived somatic reactions to stress: sex, age and familial occurrence», *Journal of Psychosomatic Research,* 1969; 13: 77-82.
9. «The death of Rudolph Valentino», *New York Times,* 16 de agosto, 1926, 1.
10. Scott, Jack, «It's not how you play the game, but what pill you take», *New York Times Magazine,* 17 de octubre, 1971, 40-41.
11. Kurtz, Richard M., «Body image-male & female», *Trans-action,* diciembre, 1968, 25-27.
12. «American diet linked to six types of cancer», *Los Angeles Times,* 26 de marzo, 1974, 1.ª parte, 5.
13. «Beef and bowel cancer», *Newsweek,* 18 de febrero, 1974, 80-83.
14. Getze, George, «Longevity diet will explode food myths, doctor predicts», *Los Angeles Times,* 2 de diciembre, 1973, 1.ª parte, 3.
15. Brady, Joseph V., «Ulcers in "Executive Monkeys"», *Scientific American,* octubre, 1958, 95-100.
16. Holmes, Thomas H., y Masuda, Minoru, «Psychosomatic syndrome», *Psychology Today,* abril, 1972, 71-106.
17. Kissin, David M., «Personality characteristics in males

conducive to lung cancer», *British Journal of Medical Psychology,* 1963, 36: 27.
18. Bahne Bahnson, Claus, y Brooks Bahnson, Marjorie, «Role of the ego defenses: denial and repression in the etiology of malignant neoplasm», *New York Academy of Sciences Annals,* 1965-1966; 125 (mayo-enero): 827-848.
19. Buss, A. H., *Psychopathology,* Nueva York: John Wiley & Sons, Inc., 1966, 414.
20. Lester, David, «Voodoo death: some new thoughts on an old phenomenon», *American Anthropologist,* 1972; 74: 386-390.
21. Taylor Fleming, Anne, «Up from slavery-to what?» *Newsweek,* 21 de febrero, 1974, 14-15.

CAPÍTULO VIII

1. Brooks, Richard, y Poe, James, guionistas de *Cat on a hot tin roof,* dirigida por Tennesse Williams, una producción de Avon Production para la Metro-Goldwyn-Mayer, 1959.

CAPÍTULO IX

1. Levine, Stan, «One man's experience», *MS,* febrero, 1973, 14.

CAPÍTULO X

1. Ackerman, Nathan W., y Hart, Harold (Ed.), *Marriage: for and against,* Nueva York: Hart Publishing Co., Inc., 1972, 13.
2. Lederer, William J., y Hart, Harold (Ed.), *Marriage: for and against, Ibid.,* 135.
3. Lester, Gene, y Lester, David, *Suicide: The Gamble With Death,* Englewood Cliffs, Nueva Jersey: Prentice-Hall, 1971, 67.
4. Applezweig, Dee G., «Childhood and mental health: the influence of the father in the family setting», *Merrill-Palmer Quarterly,* abril, 1971, 71.

5. Arnstein, Helene S., «The crisis of becoming a father», *Sexual Behavior,* abril, 1972, 42-47.
6. *Ibid.,* 47.
7. Nydegger, C., «The older the father: late is great», *Psychology Today,* abril, 1974, 26-28.

CAPÍTULO XI

1. Bach, George R., y Goldberg, Herb, *Creative aggression* Garden City, Nueva York: Doubleday & Co., 1974.
2. Glick, Paul C., y Morton, Arthur J., «Frequency duration and probability of marriage and divorce», *Journal of Marriage and the Family,* mayo, 1971, 310.
3. Arnett, Peter, «New ordeal for Ex-POW-The Heartbreak of divorce», *Los Angeles Times,* 22 de abril, 1973, 1.ª parte, 1.
4. Former Calif. Civ. Code 139, citado en Honorable William P. Hogoboom, «The California Family Law Act of 1970: 18 Months Experience», *Missouri Bar Journal,* 27, 1971, 584-589.
5. *Ibíd.,* p. 586.
6. Lincoln Collier, James, «Time to give divorced men a break», *Reader's Digest,* febrero, 1970, 66.
7. Goode, William J., *After Divorce,* Nueva York: The Free Press, 1956, 298, 336.
8. Schwartz, Anne C., «Reflections on divorce and remarriage», *Social Casework,* abril, 1968, 214.

CAPÍTULO XII

1. Jourard, Sidney, *The Transparent Self* (edición revisada), Princeton, N. J.: Van Nostrand Co. 1971, 40.
2. Oficina de censo de EE. UU., *Statistical Abstracts of the United States, 1973,* Washington, DC: Government Printing Office, 1973, 52.
3. Oficina de censo de EE. UU., basado en *U S Census of Population, 1950; 1960; 1970; General Population Characteristics,* final report PC (1)-BI, *United States Summary.* Esta información está citada por la oficina de

censo de EE. UU., en *Statical Abstracts of the United States,* 1972, Washington, DC: Government printing office, 1972, 24.

4. Centro Nacional de EE. UU.de Estadísticas para la Salud, *Vital Statistics for the United States, 1967,* Mortality (Washington, DC; Government printing office, 1969; II: 3-5.)
5. Centro Nacional de EE. UU. para la Salud, *Vital Statistics for the United States,* citado en *Statistical Abstracts of the United States, 1973, op. cit.,* 57-58.
6. *Ibíd.*
7. *Los Angeles Times,* 10 de febrero, 1974, 1.ª parte, 4.
8. «King of the Sandbox», *Human Behavior,* junio, 1973, 37.
9. «Girlish Boys», *Time,* 26 de noviembre, 1973, 33.
10. Lynn, David B., «The process of learning parental and sex-role identification», en Schaeffer Dirk L. Ed. *Sex Differences in Personality: Readings,* Belmont, Calif., Wadsworth Publishing Co., 1971, 41-49.
11. *Los Angeles Times,* 8 de febrero, 1974, 1.ª parte, 3.
12. Sexton, Patricia, «How the american boy is feminized», *Psychology Today,* enero, 1970, 23-29; 66-67.
13. Werry, John S., y Quarry, Herbert C., «The prevalence of behavior symptoms in younger elementary school children», *American Journal of Orthopsychiatry,* enero, 1971, 136-143.
14. Shaw, Charles R., *The psychiatric disorders of childhood,* Nueva York: Appleton-Century Crofts, 1966, 64.
15. Eisenberg, L., y Kanner, L., «Early infantile autism», *American Journal of Orthopsychiatry,* 26, 1956, 55-65; Rutt, C. N., y Offord, D. R., «Prenatal and perinatal complications in childhood schizophrenics and their siblings», *The Journal of Nervous and Mental Disease,* 152, 1971; 5: 324-331.
16. Servicio público de Salud de EE. UU. *Statistical Note 72:* «Age, sex and diagnostic conditions of resident patients in state and county mental hospitals-United States-1961-1970», diciembre, 1972, 2.
17. «Schizophrenics in county and state mental hospitals by sex and age», H E W, N I M H, sección de encuestas e informes, 1970.

18. Servicio público de salud de EE. UU. con datos e información publicada en: *Statistical Abstracts of the United States, 1972,* Washington, DC: Government Printing Office, 1972, 74.
19. *Ibíd.*, 69.
20. Información del servicio público de salud de EE. UU. citado en: *Associated Press Almanac,* 1973, 290.
21. Oficina de Censo de EE. UU., *Census of Population, 1960,* vol. II, parte PC(2)-8A, citada en la información y datos sin publicar del servicio público de salud de EE. UU., *Statistical Abstracts of the United States, 1972,* Washington, DC: Government Printing Office 1972, 43.
22. Datos de la sociedad americana contra el cáncer, citado en: *Associated Press Almanac, op. cit.*, 292.
23. Servicio público de salud de EE. UU, «Increases in divorce» (datos de *National Vital Statistics System),* serie 21, n.º 20, 1967, 14.
24. Servicio público de salud de EE. UU., *Statistical Note 81.* «Differential utilization of psychiatric facilies by men and women-United States, 1970», junio, 1973, 9.
25. *Ibíd.*
26. Macoby, E. E., y Jacklin, C. N., «Sress, activity and proximity seeking sex differences in the year-old child», *Child Development,* 1973, 44 (n.º 1): 34-42.
27. Gari, J. E. «Sex differences in mental health», *Genetic Psychological Monographs,* 1970; 81: 123-142.
28. Winter, Ruth, «Biological superiority-female or male», *Science Digest,* agosto, 1971, 50.
29. Gari, *op. cit.*, 128.
30. Gordon, Jerome B., *et al, Industrial Safety Statistics: A Re-examination; A Critical Report Prepared for the Department of Labor,* Nueva York: Praeger Publishers, 1971.
31. Centro nacional de Estadísticas de EE. UU. para la Salud, *Health Statistics from the US national health survey; vital and Health Statistics,* serie 10, n.º 72, y datos sin publicar citados en: *Statistical Abstracts of the United States, 1973, op. cit.*, 81.
32. Oficina federal de investigación, *Uniform Crime Reports*

for the United States, 1970, citado en *Statistical Abstracts of the United States, 1972, op. cit.*, 150.
33. *Ibíd.*, y oficina de prisiones de EE. UU., *National Prisons Statistics Bulletin*, n.º 47, citado en *ibíd.*, 160.
34. *Ibíd.*, 164.
35. Clements, Mark C., «Sex and sentencing», *Southwestern Law Journal*, 1972, 26: 890-904.
36. Nagel, S. S., «Disparities in criminal procedure», UCLA *Law Review*, 1967; 14: 1272-1305.
37. Ejecutivo de la oficina presidencial, comisión presidencial para la aplicación de la ley y organización judicial, *The Challenge of Crime in a Free Society, 1967*, citado en *Statistical Abstracts of the United States, 1972, op. cit.*, 145.
38. Oficina central de investigación, «Crime in the United States», *Uniform Crime Reports*, Washington, DC: Government Printing Office, agosto, 1973, 6.
39. *Ibíd.*, 8-9.
40. Becker, Harold K., «A phenomenological inquiry into the etiology of female homosexuality», *Journal of Human Relations*, 1969; 17: 570-579.
41. *Ibíd.*, 573.
42. Centro Nacional público de EE. UU. de Estadísticas para la Salud, datos sin publicar citados en *Statistical Abstracts of the United States, 1973, op. cit.*, 63.

LIBRARSE DEL YUGO: EL HOMBRE LIBRE

1. Perls, Frederick S., *Gestalt therapy verbatim*, California: Real People Press, 1969, 40.

